Friedrich Spitta

Die Passionen nach den vier Evangelisten von Heinrich Schütz

Friedrich Spitta

Die Passionen nach den vier Evangelisten von Heinrich Schütz

ISBN/EAN: 9783743380714

Hergestellt in Europa, USA, Kanada, Australien, Japan

Cover: Foto ©Lupo / pixelio.de

Manufactured and distributed by brebook publishing software (www.brebook.com)

Friedrich Spitta

Die Passionen nach den vier Evangelisten von Heinrich Schütz

Die Passionen
nach den vier Evangelisten
von Heinrich Schütz.

—·—

Ein Beitrag
zur Feier des 300jährigen Schütz-Jubiläums
von
Friedrich Spitta.

Leipzig.
Druck und Verlag von Breitkopf und Härtel.
1886.

Herrn Hugo Peill

und

Frau Wilhelmine Peill,
geb. Schillings,

zur Erinnerung an die Stunden gemeinsamer Freude an den Werken von H. Schütz

in dankbarster Verehrung.

Inhalt.

	Seite
Einleitung	1— 3
1. Die Passionen im Allgemeinen	4— 7
2. Die Marcus-Passion	7—10
3. Die Tonarten der Passionen und die Lucas-Passion	10—18
4. Die Johannes-Passion	19—25
5. Die dramatischen Chöre der Matthäus-Passion	26—38
6. Die dramatischen Soli der Matthäus-Passion	38—43
7. Der Evangelist in der Matthäus-Passion	44—49
8. Die betrachtenden Chöre der Matthäus-Passion	49—51
9. Die Unechtheit der Marcus-Passion	51—54
10. Grundsätze für Bearbeitung und Aufführung der Passionen	54—65

Einleitung.

In das Jahr 1885 sind die Geburtsjubiläen von drei großen deutschen Tonkünstlern gefallen, in das erste Viertel der zweihundertjährige Geburtstag Georg Friedrich Haendel's und Johann Sebastian Bach's, in das letzte der dreihundertjährige von Heinrich Schütz, geboren am 8. October 1585 zu Köstritz. So bekannt und berühmt die Namen der beiden ersten sind, so unbekannt, vielfach sogar dem Namen nach, ist der letzte. Und wenn jene in allen irgendwie musikfähigen Orten Deutschlands, ja weit über die Grenzen desselben hinaus, gefeiert sind, so war vorauszusehen, daß es nur wenige Orte und kleine Kreise sein würden, welche die Erinnerung an Heinrich Schütz durch Aufführungen seiner Werke würden zu beleben suchen.

Und doch konnte von ihm Friedrich Chrysander, der um die Neubelebung Haendel's so hochverdiente Gelehrte, den Ausspruch thun: „Er verkündigte die Kunst in erhabenen Werken, die der Unsterblichkeit gewiß sind, obgleich man sie heutzutage fast vergessen hat."

Man kann nun aber besseres thun, als diese dem Verehrer der Kunst von Schütz betrübende Thatsache beklagen und das gegen den Genius dieses Mannes gleichgültige Geschlecht der Gegenwart der Oberflächlichkeit oder eines schlechten Geschmackes beschuldigen. Sind doch die, welche Schütz nicht zu würdigen wissen, zum Teil eben die, welche für Bach und Haendel oder auch für die Vertreter der reinen Vocalmusik begeistert sind. Die hundert Jahre, die Schütz früher als Haendel und Bach geboren ist, erschweren das Verständnis seiner Kunst in höherem Maße, als man denken sollte; ja, diese hundert Jahre lassen uns Schütz unserm Standpunkte weiter entrückt erscheinen als das vor ihm lebende Geschlecht der Vocalcomponisten. Zwischen zwei großen Richtungen auf dem Gebiete der Musik steht

Spitta, Passionen von H. Schütz.

Schütz mitten inne als der, dessen Aufgabe es war, die bisher gepflegte reine Gesangsmusik durch Anwendung des in Italien erfundenen reclamatorischen Stiles und der damit zusammenhängenden Pflege der Instrumentalmusik und der Ausbildung neuer musikalischer Formen, speciell für den Sologesang, lebendiger und ausdrucksvoller zu gestalten. Kein Wunder, daß neben den Vertretern jener beiden Richtungen das Mittelglied Schütz bald vergessen wurde; daß seine Werke kaum dem ihm folgenden Geschlechte vertraut wurden, welches viel zu sehr von seiner eigenen immer mehr wachsenden Productionskraft in Anspruch genommen war; daß vor allem uns über der riesigen Entwickelung, welche die von Schütz eingeleitete Richtung der deutschen Musik genommen hat, der Vater derselben in Vergessenheit geraten ist.

Erst in Zeiten, in denen die musikalische Productionskraft nachläßt und der Genuß der eben gereiften Früchte einer ruhigen Überschau über den ganzen Umfang und die volle Schönheit des musikalischen Besitzes Platz macht, wird es möglich sein, nach und nach die Schwierigkeiten zu beseitigen, welche dem Verständnisse der Kunstleistungen eines Schütz im Wege stehen, und die Erkenntnis zu erwecken, daß dieser Meister mehr ist als das musikhistorisch bedeutsame Mittelglied zwischen zwei großen, durch vollendete Meisterwerke ausgezeichneten Richtungen, daß er in Erfüllung dieser Aufgabe eine musikalisch-poetische Natur von einer Zartheit und Tiefe geoffenbart hat, welche — mögen die Formen immerhin wechseln — den Reiz ewiger Jugend ausüben wird. Es scheint, daß für diesen großen Künstler eine solche Zeit der Neugeburt angebrochen ist. Man ist damit beschäftigt, die erste Vorbedingung für sein Wiederauferstehen zu erfüllen, nämlich eine kritische und möglichst vollständige Herausgabe seiner Werke zu veranstalten. Bearbeitungen derselben zum praktischen Gebrauche, Mitteilungen über das noch sehr wenig bekannte Leben von Schütz, Darstellungen seiner künstlerischen Wirksamkeit und der Eigenart seiner Kunst werden sich dem anschließen, und — ich zweifele nicht daran — immer vertrauter und lieber wird der hehre Meister dem Volke werden, dessen tiefstes Seelenleben er in oft geradezu überraschender Wahrheit und Deutlichkeit musikalisch offenbart hat.

Anm. Die, welche sich kurz über Schütz orientieren wollen, verweise ich auf meine Broschüre: Heinrich Schütz. Eine Gedächtnisrede. Hildburghausen, Gadow und Sohn.

Einen kleinen Beitrag zu solcher Arbeit möchten auch die folgenden Zeilen bieten. Dieselben treten nicht mit der Anmaßung auf, über Schütz, den Künstler und den Menschen, das mit ihm noch unbekannte Publicum allseitig zu orientieren. Trotz wertvoller Vorarbeiten, besonders von Seiten Winterfeld's und Chrysander's, ist doch über unsers Meisters Leben und Kunst noch zu wenig sicher gestellt, als daß an eine solche zusammenfassende Darstellung gedacht werden könnte. Nur vier (resp. drei zusammengehörige Werke von Schütz möchte ich einer eingehenderen Besprechung unterziehen, seine Passionen nach den vier (drei) Evangelisten. Ich hoffe, daß es auf diese Weise möglich sein wird, den mit Schütz Unbekannten ein deutliches, wenn auch beschränktes Bild seiner Kunst darzubieten. Freilich muß ich auch hier gestehen, daß die Dunkelheit, welche dieses Künstlerleben vielfach noch verhüllt, mir unmöglich macht, nach manchen Seiten hin mit der wünschenswerten Sicherheit mein Bild zu entwerfen. Manches kann ich nur ahnen, manches nur bedingungsweise aussprechen. Deshalb versteht es sich für mich ganz von selbst, daß die Kritik, welche ich zu Ende dieser Schrift an gewissen Versuchen, Schütz mit dem Geschlechte der Gegenwart bekannt zu machen, übe, auch von anderen, besser unterrichteten an meinem Versuche ausgeübt werden muß. Schütz wird dabei nur gewinnen.

Meine Absicht, gerade durch Besprechung der Passionen von Schütz dem Meister neue Freunde zuzuführen, ist aber — abgesehen davon, daß ich diese Werke genauer kenne als andere — darin begründet, daß Schütz selbst mit besonderer Vorliebe diesen Kindern seiner Muse zugethan gewesen sein soll, woraus man auf den besonderen Wert dieser Compositionen wird schließen dürfen. Andererseits hat man diese Werke mehr als die anderen des Meisters durch Bearbeitungen, welche sie von Carl Riedel und Arnold Mendelssohn erfahren haben, dem Publicum der Gegenwart nahe zu bringen versucht, sodaß für eine Besprechung derselben hier und da schon das Interesse geweckt und das Verständnis verbreitet sein mag. Endlich aber sind gerade die Passionen aus Gründen, welche aus der folgenden Darstellung sich von selbst ergeben werden, besonders geeignet, einen Blick in die künstlerische Entwickelung des Meisters zu werfen und das Ziel zu erkennen, dem er in seiner Kunst nachstrebte.

1. Die Passionen im Allgemeinen.

Der mit Bach's Meisterwerken bekannte Musikfreund wird sich bei dem Titel „Passionen von Schütz" leicht eine falsche Vorstellung von der Form dieser Werke bilden. Es ist deshalb hierüber zunächst eine kurze Orientierung zu geben.

Der genauere Titel, welchen Schütz seinen Werken gegeben, lautet: „Historia des Leidens und Sterbens unsers Herrn und Heilandes Jesu Christi nach den Evangelisten St. Matthäum (resp. Marcum, Lucam, Johannem)". Unter dem Titel befindet sich ein lateinisches Verzeichnis der Personen, und zwar nach altkirchlichem Gebrauche in lateinischer Sprache: Evangelista, Jesus, Petrus, Ancilla, Servus, Latro u. s. w. — Diesem Titelblatte entspricht durchaus der Inhalt, der nur die evangelische Geschichte enthält. Der Text derselben wird von dem Evangelisten in der Tenorlage gesungen; die redend eingeführten Personen werden von anderen Stimmen vorgetragen, Jesus im Baß, Petrus im Tenor u. s. w. Reden mehrere Personen zu gleicher Zeit, die Jünger, die Hohenpriester, das Volk, die Kriegsknechte, so tritt der Chor ein. Nirgends wird wie bei Bach die Handlung durch lyrische Sätze unterbrochen. Nur zum Anfang und zum Schlusse findet man etwas derartiges. Den Eingang aller vier Passionen bilden die vom Chore gesungenen Worte: „Das Leiden unsers Herren Jesu Christi, wie es (resp. uns das) beschreibet der heilige Evangeliste Matthäus (resp. Lucas, Johannes; — St. Marcus beschreibet)." Zum Schluß werden in der Marcus-Passion vom Chore die Worte angestimmt: „Dank sei unserm Herrn Jesu Christo, der uns erlöset hat durch sein Leiden von der Höllen." — Bei Matthäus wird das »Laus tibi Christe« für die Passionszeit gesungen:

„Ehre sei dir Christe, der du littest Not,
„An dem Stamm des Kreuzes für uns den bittern Tod
„Und herrschest mit dem Vater dort in Ewigkeit.
„Hilf uns armen Sündern zu der Seligkeit.
„Kyrie eleison, Christe eleison, Kyrie eleison!"

Am Schlusse der Johannespassion findet sich der Schlußvers der alten, von den böhmischen Brüdern stammenden Versification der Passionsgeschichte, „Christus, der uns selig macht":

„O hilf, Christe, Gottessohn,
„Durch dein bitter Leiden,
„Daß wir dir stets unterthan
„All Untugend meiden,
„Deinen Tod und sein Ursach
„Fruchtbarlich bedenken,
„Dafür, wiewohl arm und schwach,
„Dir Dankopfer schenken."

Die Lucas-Passion schließt mit dem etwas veränderten letzten Verse des Liedes „Da Jesus an dem Kreuze stund", den Schütz in unveränderter Gestalt auch an den Schluß seines Werkes „Die sieben Worte unsers lieben Erlösers und Seligmachers Jesu Christi, so er am Stamm des heiligen Kreuzes gesprochen" gesetzt hat:

„Wer Gottes Marter in Ehren hat
„Und oft betracht' sein' bittern Tod,
„Deß will er eben pflegen
„Wohl hier auf Erd mit seiner Gnad'
„Und dort in dem ewigen Leben."

Füge ich dem hinzu, daß sich weder für den Chor noch für den Einzelgesang Begleitung angegeben findet, und daß letzterer, äußerlich wenigstens, ganz in der Weise des altkirchlichen Choralgesanges geschrieben ist, so wird man den Eindruck empfangen, daß, auf die Kunstmittel angesehen, die Passionen von Schütz im höchsten Grade einfach sind und insofern gar nicht zu vergleichen mit den riesigen Schöpfungen Bach's.

Aber haben sie denn neben diesen überhaupt noch einen selbständigen Wert oder können sie nicht vielmehr nur in Betracht kommen als eine der Wurzeln, aus denen des größten deutsch-evangelischen Kirchencomponisten Wunderwerke hervorgesproßt sind? Bei oberflächlicher Betrachtung möchte man die letzte Frage bejahen. Es scheint, als ob sich Schützens Werke nicht unterschieden von den ersten einfachsten Gestalten der Passionsmusik, wo die Priester im Choraltone die Worte des Evangelisten und der anderen Personen sangen und der Chor die Worte der Personenmehrheiten in eben derselben melodisch eintönigen Weise und in den simpelsten Harmonien zum Ausdrucke brachte. Diese ältesten Passionen, von denen die Matthäus- und Johannes-Passion des Thomas Mancinus am bekanntesten sein mögen (sie finden sich auch abgedruckt bei Schöberlein, Schatz des liturgischen Chor- und

Gemeindegesanges II, 362 ff haben für uns schlechterdings nur noch historischen Wert. Musikalisch sind sie so dürftig, wie möglich, und eine Verwendung im evangelischen Gottesdienste wird selbst in solchen Gegenden, in denen der altlutherische Altargesang noch festgehalten wird, gewiß als eine unzeitgemäße, geschmacklos-langweilige Art, die hehren Worte der Evangelien vorzutragen, abgewiesen werden. Und wenn der verdiente Schöberlein die Wiedereinführung dieser alten choralischen Passion in den Cultus befürwortet hat, so kann das nur als ein Zeichen seines, den wirklichen Bedürfnissen der Gemeinde vielfach fremd gegenüberstehenden, stark reactionären Idealismus betrachtet werden.

Aber nur äußerlich betrachtet gleichen die Passionen von Schütz jenen alten, für uns antiquierten Choralpassionen. Das zeigt sich zunächst und am deutlichsten an den Chören. Da findet sich nichts mehr von der altkirchlichen Eintönigkeit, sondern überall die lebendigste melodische und rhythmische Bewegung. Dazu kommt, daß in gewissen, später näher zu bestimmenden Grenzen der Ausdruck in den verschiedenen Chören, den verschiedenen Situationen entsprechend, ein höchst mannigfaltiger ist. Wir stehen in der That auf dem Boden der neuen, durch Schützens Bemühung in Deutschland von Italien aus eingeführten Kunst. Dasselbe zeigt sich bei den Sologesängen, die, zum Teil wenigstens, nur geschrieben dem alten einförmigen Choraltone gleichen; in der That bieten sie meistens, wie man richtig gesagt hat, „das unter der Choralmaske versteckte moderne Recitativ", das sich häufig zu einem wahrhaft riesigen Pathos erhebt und melodisch so bewegt ist, daß man gemeint hat, Schütz könne sich die Aufführung gar nicht ohne Begleitung gedacht haben.

Erscheinen nun die Passionen von Schütz den alten Passionen gegenüber in der That als das Product einer neuen Kunstrichtung, so ist damit allerdings noch nicht gesagt, daß sie neben Bach's Werken eine andere Bedeutung haben als eine für den Musikhistoriker interessante Vorstufe für jene. Daß sie mehr als das sind, daß in ihnen ein von Bach sehr unterschiedener Geist lebt, und daß sie das gleiche Ziel der kirchlichen Erbauung nicht mit geringeren, sondern mit ganz andersartigen Mitteln zu erreichen suchen, das wird erst bei einer genauen Untersuchung und Vergleichung der Schütz'schen Werke unter einander und mit den Schöpfungen Bach's klar werden.

Ich weiß nicht, ob es, von der allgemeinen Notiz in dem der
Leichenpredigt von Schütz angehängten Lebenslaufe abgesehen, genauere
Mitteilungen über die Zeit giebt, in der Schütz die Passionen geschrieben hat — die Jahreszahlen auf der durch Grundig verfertigten
Abschrift der vier Passionen, welche in der Leipziger Stadtbibliothek
aufbewahrt wird, sowie auf der zu Wolfenbüttel befindlichen Handschrift der Johannes-Passion geben auf die gestellte Frage mindestens
keine deutliche und vollständige Antwort. Nach inneren Gründen ist
aber zu erkennen, daß zwischen der Anfertigung der einzelnen Passionen
längere Zeiträume liegen müssen, daß dieselben Zeugnis einer Entwickelung des Meisters sind, welche, wie bei Bach, in der Matthäus-
Passion ihr reifstes Product darbietet. Der Anfangspunkt dieser Entwickelung, wie er in der Marcus- oder Lucas-Passion vorliegt, zeigt wenigstens
in den Sologesängen Schützens Anknüpfen an die zum Abschluß gekommene Epoche der Vocal-Musik und des strengen altkirchlichen Stiles
und dem entsprechend auch ein Zurücktreten seiner künstlerischen Eigentümlichkeit. Die Matthäus-Passion zeigt beides aufs deutlichste: den
Geist einer neuen Richtung und die scharf ausgeprägte Physiognomie
des Künstlers Schütz. Letzteres, was uns hier vor allem interessiren
wird, kann nur dadurch ganz deutlich gemacht werden, daß wir die
Entwickelung zu diesem Ziele hin schrittweise durch die Passionen ver-
folgen. —

2. Die Marcus-Passion.

Daß die Marcus-Passion die erste Stufe der genannten Entwickelung darbietet, scheint an verschiedenen Kennzeichen nachgewiesen werden
zu können. Die alten Passionen wurden fast durchweg in der nach
F transponierten jonischen Tonart geschrieben; das gilt bei den vorliegenden Passionen nur von der nach Marcus. Bei den anderen hat
Schütz aus Gründen, welche ein höchst merkwürdiges Zeugnis für seine
künstlerische Eigenart sind, andere Tonarten gewählt. Ferner hat allein
von allen Passionen die nach Marcus den Text für den Schlußchor,
welcher sich fast immer in der alten Passion findet: „Dank sei unserm
Herrn", vgl. S. 4. Vor allem aber zeigt sich der Anschluß an die
Epoche der alten Kirchenmusik in der Eigentümlichkeit des Einzelgesanges
bei Marcus. Derselbe ist so gut wie durchgehend in der eintönigen

Weise des priesterlichen Choralgesanges gehalten; nur an wenigen Stellen weicht er von den stereotypen Wendungen jenes strengen Kirchenstiles ab, einmal sogar durch eine beim Choralgesange gänzlich ungebräuchliche Wiederholung der Worte („Und ein anderer: Bin ich's, bin ich's!").

Man hat nun wohl gemeint, mit dieser undramatischen Art des Einzelgesanges befänden sich die Chöre in einem merkwürdigen Widerspruch; neben den Anschluß an die alte Tradition träte unvermittelt die Errungenschaft der neueren Zeit. Diese Behauptung hat etwas bestechendes und doch ist sie nur bis zu einer gewissen Grenze richtig. Im Vergleich mit dem Einzelgesange zeigt sich in den Chören ein bedeutend weiteres Hinausschreiten über das, was man sich vor Schütz gestattete. Es findet sich ja wohl hier und da auch bei älteren Componisten, wie Melchior Vulpius, in den Chorsätzen ein lebhafterer, dramatischerer Ausdruck als in den mageren Stücken des Mancinus. Aber das ist doch nichts gegen die Lebendigkeit und den musikalischen Reichtum, der in den Marcus-Chören entfaltet wird. Auch das ist zuzugeben, daß dieselben in Folge der festgehaltenen jonischen Tonart, welche unserem musikalischem Empfinden näher steht als die in den anderen Werken zur Verwendung gekommene lydische, phrygische und dorische Tonart, einen merkwürdig modernen Klang haben; Chöre wie „Ja nicht auf das Fest," „Weissage uns," „Kreuzige," „Pfui dich, wie fein zerbrichst du den Tempel," vor allem der Eingangs- und Schlußchor könnten heute geschrieben sein. Und so ist es begreiflich, daß Riedel in seiner Zusammenstellung der vier Passionen dem modernen Hörer von den 15 Marcus-Chören nicht weniger als 11 dargeboten hat, während er von den 22 der Matthäus-Passion nur 4, von den 16 der Lucas-Passion nur 2 auswählte. — Soll aber diese Bevorzugung der Marcus-Chöre bedeuten, daß sie die der anderen Passionen an künstlerischem, speciell dramatischem, Werte übertreffen, so muß ich diesem Urteile entgegentreten.

Das, was die Chöre der drei anderen Passionen im höchsten Maße auszeichnet, wirklich dramatische Lebendigkeit, findet sich bei Marcus gar nicht; diese Chöre zeigen durchgängig — und zwar die der handelnden Personen nicht minder als die betrachtenden — eine anziehende melodische Breite. Der Verfasser verzichtet auf eine durch die dramatische Situation bedingte Declamation, sondern stellt Tonbilder dar, deren melodische Motive kaum je durch Versenken in die Empfindungen der Redenden gewonnen sind, sondern durch Empfindungen, welche das betreffende Wort bei dem **Hörer** erweckt hat. So darf man sagen, daß diese schlagfertigen Chöre, die man so gern als „dramatisch" bezeichnet, fast in höherem Grade als die Chöre der Bach'schen Matthäus-Passion, dessen ermangeln, was das Wesen des Dramatischen ausmacht.

Es wird **nötig** sein, diese Behauptungen, welche **herkömmlichen Ansichten** durchaus widersprechen, durch Beispiele zu **belegen**. Das Gefühl der Sorge, welches sich in den Worten: „Ja nicht auf das Fest, auf daß nicht ein Aufruhr werde im Volk", ausspricht und das in so meisterhafter Weise in der Matthäus-Passion zum Ausdruck gebracht ist, klingt in dem entsprechenden Marcus-Chore durchaus nicht durch; derselbe ist vielmehr entstanden durch den Impuls, den die Vorstellung des Aufruhrs in dem Componisten erweckt hat, vergleichbar dem entsprechenden Chore in Bach's Matthäus-Passion. Dasselbe zeigt sich bei dem Chor der Jünger: „Wo willst du, daß wir hingehen und bereiten, daß du das Osterlamm essest". Während bei Lucas und Matthäus sich eine **höchst** charakteristische und stimmungsvolle Declamation der betreffenden Worte findet, bietet Marcus ein Tonstück, welches ganz offenbar unter der Vorstellung von dem geschäftigen Hin- und Hergehen der Jünger entstanden ist. Besonders bemerkenswert ist der Chor der falschen Zeugen „Wir haben gehöret, daß er sagte: Ich will den Tempel, der mit Händen gemacht ist, abbrechen und in dreien Tagen einen andern bauen, der nicht mit Händen gemacht sei". Nachdem die Einleitung zu den Worten Jesu im Vierviertel-Tacte gesungen ist, beginnt die Aufführung derselben im $^3/_2$-Tacte mit so erhabenem Ausdrucke, wie ihn nur der gläubige Christ zu diesen Worten finden kann, nicht aber die falschen Zeugen, die ja beflissen sind, die Worte Christi als Ausfluß der Frivolität hinzustellen. Es ist dieses eine Stelle, in welcher der Unterschied von dem Ausdrucke in der Matthäus-Passion wahrhaft frappant ist. Die Worte der rohen Kriegsknechte: „Gegrüßet seist du, der Juden König", wofür in der Matthäus-Passion der vollendet dramatische Ausdruck gefunden ist, werden bei Marcus mit einer Innigkeit des Ausdruckes gesungen, die den Christen erfüllt, der anstimmt: „Sei mir tausendmal gegrüßet, der mich je und je geliebt".

Diese Bemerkungen, die man übrigens leicht verdoppeln kann, werden die Behauptung rechtfertigen, daß die Marcus-Chöre nichts weniger als dramatisch, sondern durch und durch subjectiv sind. Und wenn sich die Eigentümlichkeit eines Kirchenmusikers darin zeigt, daß er nicht mit historischem Realismus, sondern mit subjectivem Idealismus die betreffenden biblischen Vorgänge darstellt, so wäre es gewiß, daß sich Schütz bei keiner seiner Passionen mehr als Kirchencomponist gezeigt habe, als bei der nach Marcus. Will man von den Schütz'schen Passionen als von der Vorstufe der Bach'schen sprechen, so kann man das allerdings bei der nach Marcus. Diese hat viele Verwandtschaft mit der Bach'schen nach Matthäus; selbstverständlich nicht, was den Stil und die Musikmittel, sondern was den Geist betrifft. Dabei bleibt es rätselhaft, daß die relativ modernste der Schütz zugeschriebenen Passionen Zeichen an sich trägt, die ihre Composition vor die drei anderen verweist. Wie sich dieses Problem vielleicht lösen lasse, kann erst weiter unten erwogen werden.

3. Die Tonarten der Passionen und die Lucas-Passion.

Aus Gründen, die erst bei Besprechung der Johannes-Passion erörtert werden können, glaube ich urteilen zu müssen, daß die Passion nach Lucas denen nach Johannes und Matthäus zeitlich vorangeht. — Ebenso gewiß ist, daß zwischen der Abfassung dieser drei Werke und der Marcus-Passion ein großer Zeitraum liegen muß. Denn der Weg, welchen Schütz in der Lucas-Passion einschlägt, ist ein in vieler Beziehung völlig neuer. Der Unterschied zwischen den zuletzt genannten beiden Passionen ist ein fundamentaler, der zwischen der nach Lucas und denen nach Johannes und Matthäus nur ein graduelller.

Schon insofern treten wir bei der Lucas-Passion auf ein ganz neues Gebiet, als hier die für die Passionen herkömmliche Tonart, das nach F transponierte Jonisch, verlassen und durch das Dorische ersetzt ist. Der Grund für diesen Wechsel kann kein anderer sein als der, daß dem Autor für den Ausdruck der in Frage kommenden Empfindungen das freundliche Jonisch nicht genügte. In der That haben bei Marcus selbst Chöre, deren Wortlaut eine finstere oder doch gedämpfte Ausdrucksweise fordern würde, einen entschieden heiteren oder doch mild frohen Charakter; bieten sie ja doch auch nicht die realistisch aufgefaßten Empfindungen der redend eingeführten Personen, sondern nur den Reflex derselben im Gemüte des Gläubigen. Wo aber die Absicht besteht, die betreffenden Vorgänge nicht durch das Medium der kirchlichen Empfindungsweise angesehen, sondern historisch objectiv betrachtet darzustellen, da mußte der Componist eine andere Tonart für die Darstellung einer Geschichte wählen, die sehr ernster, oft geradezu finsterer Art ist.

Daß solche Erwägungen Schütz zu dem Wechsel der Tonart veranlaßt haben, wird ganz deutlich, wenn man auf die Johannes- und die Matthäus-Passion blickt. Auch in diesen Werken ist Schütz, wie bereits oben erwähnt, von der herkömmlichen ionischen Tonart abgegangen, sofern er für erstere die phrygische, für letztere die dorische wählte. Daß aber diese Wahl dem Bestreben nach scharfer Charakterisierung der evangelischen Worte durch die Musik entsprungen ist, kann nicht zweifelhaft sein. Einem jeden Theologen, aber auch wohl jedem gebildeten kirchlichen Laien ist der durchgreifende Charakterunterschied zwischen den drei ersten Evangelien, den Synoptikern, und dem vierten, dem des Johannes, bekannt. Jene bieten die evangelische Geschichte in realistischer Objectivität, bei diesem tritt der ideale und symbolische Charakter derselben in den Vordergrund. Das Bild Jesu, wie es Johannes im Unterschiede von den Synoptikern entwirft, ist von dem Dufte einer eigentümlichen Mystik umflossen, welche die sinnlichen Erscheinungen nur wie durch einen Schleier schauen läßt, die übersinnlichen Wahrheiten aber im lichten Glanze der hellsten Wirklichkeit. Ein eigentümlich gedämpfter Ton, so möchte man sagen, klingt aus dem ganzen Evangelium uns entgegen, der bei den anderen Evangelisten nicht wieder laut wird. Wenn nun Schütz seine Composition der Leidensgeschichte nach Johannes in der weichen, dämmerhaften phrygischen Tonart setzte, so empfindet jeder unwillkürlich, daß er damit das eigentümliche Colorit des Johannes-Evangeliums hat wiedergeben wollen und thatsächlich mit überraschender Treue wiedergegeben hat. — Der Realismus der Synoptiker zeigt sich nun, wenigstens was die Leidensgeschichte betrifft, bei Matthäus (und Marcus) am herbsten. Bei Lucas herrscht eine mildere Stimmung vor, was schon dadurch veranlaßt ist, daß die Reden Jesu bei ihm einen größeren Umfang haben, daß die erschütternde Episode vom Ende des Judas nicht berichtet wird, daß die Marter am Kreuze, welche bei Matthäus noch gesteigert erscheint durch den Bericht von dem mehrmaligen Schreien Jesu, gemildert wird durch die Anführung der sanften Worte Jesu: „Vater, vergieb ihnen, denn sie wissen nicht, was sie thun",

„Heute noch wirst du mit **mir in Paradiese sein**". „Vater, in deine Hände befehle ich meinen Geist". Hieraus erklärt es sich, daß Schütz mit der herben, **strengen** dorischen Tonart der Matthäus-Passion ein finsteres **Colorit giebt**, während Lucas durch das Lydische einen weichen, innigen **Grundton** erhält.

Es ist dieses ein Zug, der die geniale Eigentümlichkeit von Schütz **in hellem Lichte** zeigt und **deutlich die** Richtung **erkennen läßt**, wohin sein künstlerisches Schaffen strebt. Dem Christen als solchem und dem= gemäß **auch dem** Kirchencomponisten ist jene eigentümliche Differenz zwi= schen den **Evangelien** ziemlich gleichgültig, ihm kommt es überall nicht so auf das evangelische Factum in seiner nackten Wirklichkeit an, als vielmehr **auf den Sinn und die** Bedeutung desselben. So wird auch der **Pre=** diger kaum je **in die Lage** kommen, **der** Gemeinde diese Verschieden= heiten **der** evangelischen Berichte zur Empfindung zu bringen. Dem entspricht es auch, **daß es erst der neueren** Zeit mit ihrem historisch= kritischen Zuge **aufbehalten gewesen ist**, **in dem sonst** immer einheitlich angesehenen Bibelworte Unterschiede, ja Gegensätze und Widersprüche **zu** erkennen. Schütz, **der** nicht blos Künstler, sondern ein vielseitig **und hoch** gebildeter Mann war, besitzt nun diesen historisch-kritischen, **man möchte sagen**, gelehrten Zug und verstattet demselben Einfluß **auf** die Eigentümlichkeit seiner Kunst. Er sieht die Evangelien nicht blos auf ihre **religiöse** Bedeutung, sondern auch auf ihre und der in ihnen aufbewahrten **Berichte** geschichtliche Eigentümlichkeit an. Das wird in der weiteren Untersuchung **noch** an vielen einzelnen Stellen zu Tage treten, **wie es hier sich zeigt in** der Wahl der verschiedenen Tonarten. Diese **für** seine Zeit **und für** einen Künstler ganz staunens= werte Schärfe des **kritischen Blickes**, welche die Betrachtung seiner Passionen für **den** Exegeten **und** Historiker so besonders interessant macht, weist **ihn** auf **das dramatische** Gebiet hin, nicht auf das der Kirchenmusik, auf dem sich die Marcus-Passion bewegt. Der voll= ständige Gegensatz zu ihm ist Joh. Seb. Bach, dessen Passionen sich von den drei Schütz'schen unterscheiden wie eine Predigt über die Leidensgeschichte von einer scenischen Darstellung derselben. Bach hat **kein** Interesse und auch wohl, da Begabung **und** Interesse enge zu= sammengehören, kein Organ für die feineren historischen Eigentümlich= keiten des evangelischen Berichtes. Alles wird bei ihm, dem Kirchen= componisten, beherrscht durch die allgemeine kirchliche Stimmung. Ja, seine Johannes- und Matthäus-Passion zeigen den **Gegensatz des** johanneischen und synoptischen Berichtes **und das diesem entsprechende** Colorit in umgekehrter Weise, sofern der milde Johannes **bei ihm einen** finsteren Charakter trägt, während der herbe Ernst des Matthäus gemildert **ist.** In der That, schlagender kann die große Verschiedenheit der beiden Componisten nicht illustrirt **werden!**

Zu der Wahl der lyrischen Tonart für die Lucas-Passion, **wodurch** dieselbe ein charakteristischeres, **aber** auch für unseren Geschmack, dem das Jonische näher steht, **ein** altertümlicheres Colorit als die Marcus-Passion erhält, kommt **eine** zweite bedeutsame und dem gleichen Zwecke dienende Eigentümlichkeit: der durchaus declamatorische Charakter der Chöre. Ein einziger Chor: "**Herr, sollen wir mit dem Schwert** drein schlagen", macht vielleicht davon eine Ausnahme, und es ist immerhin **charakteristisch für den** Maßstab, **mit welchem man die** Kunst von Schütz mißt, wenn dieses der einzige der dramatischen Chöre aus der Lucas-Passion ist, welchen Riedel **in** seine Zusammenstellung "der schönsten Chöre aus den vier Passionen" aufgenommen hat. Allen anderen Chören fehlt das malerische, welches der eben genannte Chor mit den Marcus-Chören gemeinsam hat, durchaus; sie sind ausgeprägt declamatorisch. Das tritt gleich sehr deutlich hervor **bei** dem ersten. "Wo willst du, daß wir es bereiten?" Wenn man von **dem breiten,** sugenartigen Aufbau des entsprechenden Chores bei Marcus herkommt, so scheint der Lucas-Chor geradezu dürftig zu sein. Und doch ist die Declamation eine ebenso ausdrucksvolle als für den Zusammenhang, in welchem jenes Wort der Jünger steht, charakteristische und zeigt frappant **die oben** erörterte Schärfe des historischen Blickes **von Schütz.** Bei Matthäus **und** Marcus bringen die Jünger **mit ihrer Frage:** "**Wo willst du, daß** wir dir bereiten, **das Osterlamm zu essen?**" die Rede auf das Passahmahl; anders bei Lucas. **Dort beginnt** Jesus: "Gehet hin, bereitet uns das Osterlamm, **auf daß wir essen**"; die Jünger aber antworten: "Wo willst du, daß **wir es** bereiten?" Schütz declamiert nun diesen Satz so, daß der Ton auf "**du**", nicht, wie in der Matthäus-Passion, auf "wo" fällt. **Er hat also Jesu Aufforderung so verstanden, daß er damit die Wahl des Ortes dem Belieben seiner Jünger anheimgegeben haben will.** Diese aber mögen demütig von ihrer Freiheit keinen **Gebrauch** machen, sondern bitten den Herrn, daß **doch er den** passenden Ort bestimme. So erhält dieser

Chor einen ungemein rührenden Ausdruck demütiger Liebe. Ob die Schütz'sche Exegese dieser Stelle richtig ist oder nicht, bleibt sich für uns ziemlich gleich. Aber immerhin ist es doch bedeutsam zu sehen, auf welch eigentümlich genauer Erwägung der evangelischen Worte der von Schütz verwandte musikalische Ausdruck beruht.

Mit dem declamatorischen Charakter der Lucas-Chöre hängt enge zusammen, daß der Ausdruck der verschiedenen Stimmungen ein viel schärferer und mannigfaltiger ist als bei Marcus. Welch eine Scala von Empfindungen liegt zwischen dem Ausdrucke kindlicher Sorglosigkeit in dem Chore: „Nie keinem", und dem entsetzlichen Wutgeheul bei den Worten: „Kreuzige ihn". Man achte auf die Abstufungen des Ausdruckes in den vier ersten Chören der Jünger. Zwei derselben sind schon besprochen: „Wo willst du, daß wir dir bereiten", und: „Nie keinem". In den Worten: „Herr, siehe hier sind zwei Schwert", spricht sich ein fröhlicher, ahnungsloser Mut aus, der in ergreifendem Contraste steht zu Jesu vorangegangenen Worten voll schmerzlicher Ergebung: „Denn was von mir geschrieben ist, das hat ein Ende." Kriegerische Entschlossenheit klingt aus den Worten: „Herr, sollen wir mit dem Schwert drein schlagen." — Der schon genannte Chor: „Weissage, wer ist, der dich schlug", bringt Rohheit mit einer gewissen Gutmütigkeit gemischt zum Ausdrucke. Beim Hinblick auf den finsterleidenschaftlichen Parallelchor in der Matthäus-Passion könnte dieser Ausdruck auffallen; aber er entspricht, wie man es bei Schütz von vornherein erwarten kann, dem Zusammenhange der Darstellung bei Lucas. Hier reden so die Diener der Hohenpriester während der Zeit vor Beginn der Sitzung. Bei Matthäus fällt diese Scene hinter die Verurteilung, und nicht der Mutwille der Diener läßt sich an Jesus aus, sondern die Leidenschaft derer, die ihm das Todesurteil gesprochen. Man vergleiche auch den Wortlaut des die Rede einleitenden Satzes — bei Lucas: „Die Männer aber, die Jesum hielten, verspotteten ihn und schlugen ihn, verdeckten ihn und schlugen ihn ins Angesicht und fragten ihn und sprachen"; bei Matthäus: „Da spei e ten sie aus in sein Angesicht und schlugen ihn mit Fäusten, etliche aber schlugen ihn ins Angesicht und sprachen" — und man wird erkennen, weshalb Schütz dem Lucas-Chore so auffallend gemäßigten Ausdruck gegeben hat.

Vorzüglich nüanciert ist der Ausdruck in den drei Chören der

Hohenpriester bei Jesu Verhör im hohen Rate. Begierig eine Handhabe gegen ihn zu gewinnen, dringen sie zuerst auf ihn ein, ihn förmlich bestürmend mit der Bitte, zu sagen, ob er Christus sei. Nachdem Jesus geantwortet **hat**: „Von **nun** an wird des **Menschen Sohn** sitzen zur rechten Hand der Kraft Gottes", antworten sie mit einer gewissen gläubigen Feierlichkeit: „Bist du denn Gottes Sohn?" Nachdem er aber diese Frage bejaht, bricht ihr hämisches Triumphgeschrei los: „**Was** dürfen wir weiter **Zeugnis**"; haben sie doch jetzt das **Wort aus** seinem Munde gehört, durch das sie ihm den Proceß machen können. — Eine naturwahre Steigerung bringen die folgenden vier Chöre der Hohenpriester und des Volkes vor Pilatus. Sie beginnen sehr mild und **fromm**: „Diesen finden wir, daß er das Volk abwendet." Der Schluß des Chores scheint auf den ersten Blick aus der dramatischen Situation zu fallen, indem die **Worte**: „und spricht, er sei Christus, der König", mit feierlicher Innigkeit gesungen werden. Man sollte meinen, diese Worte müßten verächtlich und wegwerfend vorgetragen werden oder, wie z. B. in Mendelssohn's Christus, mit **einem** Ausdrucke, der auf die maßlose Überhebung deutet, welche in jenem Worte Jesu liegen soll. Und doch ist Schützens Auffassung gerade hier scharf historisch und tief psychologisch. Es ist auffallend, daß Schütz von der lutherischen Übersetzung abweichend liest: „er sei Christus, der nicht: ein König". **Ich halte** es für sehr wahrscheinlich, daß **der** hochgebildete Künstler **den** griechischen Grundtext eingesehen und sich dadurch veranlaßt **gefunden** hat, den entschieden einen falschen Sinn gebenden unbestimmten **Artikel** Luther's in den bestimmten zu verwandeln. Der Grundtext liest allerdings **nach den besten** Zeugen nur „**Christus König**" Aber **Schütz hat mit dem Setzen des** bestimmten Artikels vor „**König**" **den Sinn** der Rede des **Hohenpriesters sicher** richtig wiedergegeben, **insofern bei dem Worte** „**Christus**" von **den Juden** nicht an ein beliebiges Königtum gedacht sein **kann**, sondern an **die** heilige Königserscheinung **des** Messias. Der Gedanke an dieses Königtum, auf dessen Kommen die heißesten Wünsche des Volkes gerichtet waren, giebt der Rede hier **jene** fromme Feierlichkeit. — Nachdem Pilatus auf solche Äußerung geantwortet hat, er finde nichts Verdammliches an Jesus, wird **in** dem folgenden Chore die Stimmung eine gereiztere, wie schon daraus erhellt, daß der erste Satz „Er hat das Volk **erreget**", abgerissen ausgestoßen wird; sämmtliche Stimmen pausieren, ehe sie anheben „damit daß er gelehret hat". Je seltener sich solches vollständiges Pausieren mitten in einem der Passionschöre findet, um so deutlicher ist die hierin sich offenbarende Absicht des Componisten. Vergeblich mit Jesus nach Herodes geschickt ist die Stimmung der Menge im folgenden Chore mehr noch erregt; leidenschaftlich dringen sie auf Pilatus ein mit der Bitte, den Barrabas loszugeben. Da Pilatus darauf nicht eingehen will, bricht das Volk in ein Wutgeschrei los, wie es in allen Passionen nicht seinesgleichen hat. Je zwei Stimmen steigen auf die Silbe „kreu-" in chromatischen Gängen in Viertelbewegung heulend auf und nieder, während die beiden anderen in beständiger Wiederholung das Wort „kreuzige" dazu ausstoßen; es kommt dabei zu Dissonanzen von einer Kühnheit, wie sie mir sonst bei Schütz nicht begegnet sind. Weshalb aber, so wird man fragen müssen, verwendet der Componist an dieser Stelle so scharfe Mittel? Freilich, daß hier nicht der Wohllaut des entsprechenden Marcus-Chores, der musikalisch betrachtet eine wahre Perle von Schönheit ist, sich findet, kann nach dem oben Bemerkten nicht Wunder nehmen. Aber auch der Ausdruck der Parallelchöre bei Johannes und bei Matthäus wird hier weit überboten. Der Grund kann nur in der Eigenheit des Lucas-Textes liegen, den Schütz mit so historisch scharfem Blicke untersucht hat. In der That paßt das Wutgeschrei völlig in die Situation, welche Lucas schildert, indem er nach nochmaliger Weigerung des Pilatus die bedeutsame Bemerkung macht: „Aber sie lagen ihn an mit großem Geschrei und forderten, daß er gekreuzigt werde und ihr und der Hohenpriester Geschrei nahm überhand." — Auch die beiden Spottchöre unter dem Kreuze sind von schärfstem Ausdrucke. Der erste zeigt mehr gutmütigen Spott, während der zweite zu höhnischer Rohheit gesteigert ist.

Man muß, um die rechte Empfänglichkeit für die dramatische Feinheit der Lucas-Chöre zu bekommen, sich immer wieder den Ausdruck der Marcus-Chöre mit ihrer im wesentlichen sich gleichbleibenden Stimmung in Erinnerung rufen. In der That, bei vielen Chören der Lucas-Passion ist der Höhepunkt dramatischer Meisterschaft erreicht, nicht bei allen. Es ist schon oben hingewiesen auf den Chor: „Herr, sollen wir mit dem Schwert drein schlagen", bei dem das melodische Element das declamatorische überwiegt. Bei anderen zeigt sich eine gewisse dramatische Unvollkommenheit darin, daß sie eine für den betreffenden Moment nicht zu rechtfertigende Breite haben. Achtet man auf die Knappheit der Chorformen in der Matthäus-Passion, so kann es keinem Zweifel unterliegen, daß, mit Schützens eigenem Maße gemessen, Chöre wie die auf die kurzen Sätze: „Herr siehe, hier sind zwei Schwert", „Herr, sollen wir mit dem Schwert drein schlagen", „Bist du denn Gottes Sohn", zu lang sind, so dramatisch sein sonst die Stimmung in denselben wiedergegeben ist. Diesen Vorwurf zu großer Länge kann man dem Eingangs- und Schlußchore, wo doch eine breitere Entfaltung der musikalischen Mittel erlaubt gewesen wäre, nicht machen. Im übrigen sind dieselben in ihrer Art vollendet schön und bringen die dem Lydischen eigentümlichen Harmonienfolgen in herrlichster Weise zur Darstellung.

Wenden wir uns von den Chören zu den Sologesängen, so gilt auch hier der Marcus-Passion gegenüber, daß sich das declamatorische Princip Bahn gebrochen hat: Der Choralton ist verlassen und durch das Recitativ ersetzt. Dasselbe hat allerdings bei den Worten des Evangelisten noch einen sehr monotonen Charakter und unterscheidet sich von dem Choraltone oft nur durch die eigentümlich lydischen Wendungen. Der Evangelist tritt als objectiver Erzähler auf; fast nie fühlt man seinen Worten ein Mitempfinden dessen an, was er berichtet, und ein Hineintreten in die Empfindungen derer, die er redend einführt. Man vergleiche nur den Ausdruck bei den Worten, welche Petri Verleugnung und Reue berichten oder die Naturereignisse bei Jesu Tode mit den entsprechenden in der Matthäus-Passion. An ganz wenigen Stellen drängt sich ein wärmeres Empfinden durch, vor allem bei den Worten in der Gethsemane-Scene: „Es erschien ihm aber ein Engel" u. s. w.

Anders liegt die Sache bei den Gesängen der redend eingeführten Personen. Hier zeigt sich ein empfindungsvoller Ausdruck, der den Hörer hinausführt aus den durch den Choralton festgesteckten Grenzen der kirchlich eintönigen Ausdrucksweise auf das offene Feld der lebendigen Geschichte. Vor allem ragt die Person Jesu mit plastischer Deutlichkeit hervor. Durch alle seine Gesänge geht ein unbeschreiblich feierlich-wehmütiger, fast möchte man sagen sehnsuchtsvoller Klang, ohne daß es betreffenden Falls an helleren Farben und stärkeren dramatischen Accenten fehlte. Neben dem bitteren Weh, das sich durch die Worte zieht: „Mich hat herzlich verlangt, dies Osterlamm mit

Spitta, Passionen von H. Schütz.

euch zu essen, ehe denn ich scheide", zeigt sich eine wahrhaft königliche Hoheit bei den Worten: „Ich will euch das Reich bescheiden, wie mir mein Vater beschieden hat, daß ihr essen und trinken sollt über meinem Tisch in meinem Reich und sitzen auf Stühlen und richten die zwölf Geschlechter Israel." Wie prophetisch groß und dann doch wieder hinabsinkend zur sanftesten Wehmut klingen die Worte: „Aber nun, wer einen Beutel hat, der nehme ihn, desselbigen gleichen auch die Tasche, wer aber nicht hat, verkaufe sein Kleid und kaufe ein Schwert; denn ich sage euch, es muß auch das noch vollendet werden an mir, das geschrieben steht: Er ist unter die Übelthäter gerechnet. Denn was von mir geschrieben ist, das hat ein Ende." Von wahrhaft hinreißendem Ausdrucke ist die Rede Jesu an die weinenden Töchter Jerusalems, vor allem die Weissagung von dem Untergang Jerusalems. Wenn Schütz auf die Worte „fallet über uns" einfach die Intervalle des C-dur-Akkordes vom eingestrichenen C abwärts steigend singen läßt, so ist dieser einfache Gang in dem ganzen Zusammenhange von geradezu consternierender Wirkung und führt die Gestalt dessen, der solches spricht, dem Hörer mit plastischer Deutlichkeit vor das innere Auge.

So lebendig wie Jesu Erscheinung treten die anderen Personen nicht hervor, was sich zum Teil daraus begreift, daß sie verhältnismäßig wenig Worte zu sagen haben. Am ausdrucksvollsten redet noch der hier wie bei Marcus in der Baßlage singende Pilatus. Freilich wenn man Schützens zwei letzte Passionen, besonders die nach Matthäus ins Auge faßt, so sieht man wohl, welcher Verschärfung und Vertiefung des dramatischen Ausdruckes der Componist fähig war. Und so muß bei aller Anerkennung einzigartiger Schönheiten in den Einzelgesängen der Lucas-Passion geurteilt werden, daß die Höhe dramatischer Meisterschaft in denselben nicht erreicht ist. In den Chören, in denen sich von jeher die Passionscomponisten freier bewegt hatten, zeigt sich vollständiger ein Verlassen des alten Standpunktes; in den Sologesängen ringt das neue declamatorische Princip mit dem nicht blos hergebrachten, sondern auch für die gottesdienstlichen Lectionen der Epistel und des Evangeliums beibehaltenen Choraltone.

4. Die Johannes-Passion.

Dieses ist auch der Punkt, an welchem es, wie mir scheint, klar wird, daß die Lucas-Passion vor die nach Johannes gehört und nicht umgekehrt. Schütz hat in der Johannes-Passion auch dem Evangelisten vollständig das Recitativ zugeschrieben; das erkennt man schon bei den ersten Tacten. Daß dieses Recitativ, wie bei den Reden Jesu in der Lucas-Passion, vielfach an die Wendungen des Choraltones erinnert, aus dem es herausgebildet worden ist, kann nicht wunder nehmen. Aber factisch ist doch die durchaus undeclamatorische, jede Äußerung des subjectiven Gefühles ausschließende Monotonie des Choraltones gebrochen. Ja, an vielen Stellen ist die Declamation eine außerordentlich lebhafte und ausdrucksvolle. Man beachte nur gleich zu Anfang die Worte: „Da hatte Simon Petrus ein Schwert und zog es aus und schlug nach des Hohenpriesters Knecht und hieb ihm sein recht Ohr ab. Und der Knecht hieß Malchus."

An dieser Stelle läßt sich sogleich noch eine andere Eigentümlichkeit des Einzelgesanges beobachten. Schütz giebt in demselben nicht blos den Tonfall einer declamatorisch ausdrucksvollen Rede wieder, sondern malt zugleich das, was er erzählt, wie wohl ein lebhafter Redner zur Veranschaulichung dessen, was er mitteilt, seine Rede mit malenden Gesten zu begleiten pflegt. So entspricht die Tonfolge für die Worte: „und zog es aus und schlug nach des Hohenpriesters Knecht und hieb ihm sein recht Ohr ab", der Bewegung des Petrus, der mit der Hand von oben her das zur Seite hängende Schwert ergreift, es herauszieht, mit demselben einen Streich hoch nach dem Haupte des Malchus führt und es dann herabfallen läßt. Dieselbe Erscheinung läßt sich bei den Worten beobachten: „Und die Kriegsknechte flochten eine Krone von Dornen und setzten sie auf sein Haupt und legten ihm ein Purpurkleid an." Es soll hier ganz offenbar das Flechten des Kranzes abgebildet werden, man sieht alsdann wie derselbe Jesu hoch auf sein Haupt gesetzt und wie darauf um seine Schultern das Gewand gelegt wird. Merkwürdig malerisch ist auch das beschrieben, was der Evangelist auf Jesu Hülferuf: „Mich dürstet!" folgen läßt. Hoch an den Stamm des Kreuzes hinauf zu Jesu Munde wird der Ysopstengel mit dem Essigschwamm gereicht, und man sieht förmlich, wie Jesus erquickt das Haupt emporhebt, um den letzten Ruf zu thun: „Es ist vollbracht." Dann erfolgt der Tod: ein wenig hebt sich das Haupt des Verscheidenden, um dann langsam immer tiefer auf die Brust herabzusinken. Selbst in Kleinigkeiten ist die Partie des Evangelisten voll von tiefen malerischen Zügen. Man sieht, wie vor Jesu Wort: „Ich bin's", die Scharen seiner Häscher zu Boden sinken; wie man sich am Feuer in des Hohenpriesters Hof wärmt; man hört, wie der Hahn kräht — eine Wendung, die übrigens schon in der Lucas-Passion ihres gleichen hatte und die auf eine Volkssitte bei den alten Passionsaufführungen zurückgeführt werden möchte. Selbst bei Worten wie Hoherpriester und Hochpflaster wird die Vorstellung von „hoch" durch die Tonlage ausgedrückt.

Aber der Evangelist ist mehr als ein ausdrucksvoller Declamator, der seine Rede mit malerischen Gesten begleitet; er steht dem, was er mitteilt, nicht ruhig objectiv gegenüber, sondern als der tief mitfühlende Jünger Christi. Wenn er die Worte Jesu singt, die er erfüllt sieht, wo Jesus seine Jünger vor den Häschern schützt: „Ich habe der keinen verloren, die du mir gegeben hast", so hört man den Johannes, dem das Herz von Liebe und Rührung wallt. Wo das Wort „kreuzigen" vorkommt, da nimmt die Rede einen klagenden Ton an, und bei dem Berichte von der Kreuzigung selbst: „allda kreuzigten sie ihn", strömt der Sänger in einem für den sonst so knapp declamatorischen Stil lang zu nennenden, wehmütig klingenden Melisma seine tiefschmerzlichen Empfindungen aus. Von beweglichem Ausdrucke ist die Beschreibung von der letzten Begegnung Jesu mit seiner Mutter und dem Jünger, den er lieb hatte. Besonders aber zeigt sich das tiefe Mitempfinden des Evangelisten in den Wendungen, mit denen er die Reden der betreffenden Personen, besonders Jesu einführt. Der, welcher diese Ereignisse berichtet, lebt sie selbst noch einmal alle wieder durch. Ich verzichte darauf, auf diese Eigentümlichkeit des Schütz'schen Evangelisten hier weiter einzugehen, da dieselbe in der Matthäus-Passion noch in stärkerer Weise ausgebildet ist und bei Besprechung derselben noch eingehend gewürdigt werden wird.

Wenden wir uns zu den Reden der dramatischen Personen! Das Johannes-Evangelium mit dem gleichen Tenor seiner subjectiven Mystik kennt keine eigentliche dramatische Charakterisierung der einzelnen Personen. Dieser Mangel des Textes hat insofern auf die Musik eingewirkt, als die einzelnen Personen wohl durchaus ihren Worten entsprechend singen, aber doch nicht diejenige charakteristische, stets sich gleich bleibende Ausdrucksweise haben, welche der Dramatiker seinen verschiedenen Personen geben muß. Übrigens kommen ja eigentlich nur zwei Personen recht in Betracht, nämlich Jesus und Pilatus. Die Scene von Petri Verleugnung ist bei Johannes so wenig plastisch und dramatisch zusammengefaßt, ist so abgerissen und unabgerundet dargestellt, daß man sich kaum darüber verwundern darf, daß Schützens Behandlung derselben kein lebendigeres Interesse für die betreffenden Personen erwecken kann. Für jene beiden Hauptpersonen ist nun Schütz allerdings offenbar bestrebt gewesen, ein verschiedenartiges Colorit ihrer Reden und dem entsprechend den wünschenswerten dramatischen Gegensatz herzustellen. Während Jesus nach altem Herkommen in der Baß- resp. Baritonlage singt, hat Schütz dem Pilatus im Unterschied von der Marcus- und Lucas-Passion die hohe Tenorlage zugeschrieben. Es ist nicht zu leugnen, daß auf diese Weise die beiden einander entgegenstehenden Naturen gut charakterisiert werden. Aber trotz der hellen Klangfarbe des Tenors hat Schütz die Figur des Pilatus nicht aus dem seltsamen Helldunkel, das über der Darstellung des Johannes liegt, herausrücken können oder, was mir wahrscheinlicher ist, wollen. Wenn auch bei einzelnen Stellen ein kecker, ungedeckterer Ton durchschlägt, wie bei den Worten: „So nehmet ihr ihn hin und richtet ihn nach eurem Gesetze!" oder: „Redest du nicht mit mir? Weißt du nicht, daß ich Macht habe, dich zu kreuzigen, und Macht habe, dich loszulassen?" oder endlich: „Was ich geschrieben habe, das habe ich geschrieben" — meistens ist die Stimmung eine gedämpfte. Ja, selbst jene wehmütige Wendung bei Nennung des Wortes „kreuzigen", die sich bei dem Evangelisten so leicht begreift, kehrt bei Pilatus wieder. Im übrigen ist die Declamation der Worte des Pilatus eine höchst ausdrucksvolle, die des Evangelisten entschieden überbietende.

 Daß die Person Jesu von dem johanneischen Dämmerlicht ganz verhüllt ist, kann nicht auffallen. Vom Standpunkte eines Sängers aus würde man diese Partie als eine höchst undankbare bezeichnen dürfen. Ohne Accente und hellere Lichter fließt die Rede in gleichmäßig wehmütigem Ausdrucke dahin. Es liegt nicht die Eintönigkeit des Choraltones vor; derselbe ist vielmehr vollständig verlassen, sondern die Eintönigkeit einer stets völlig sich gleichbleibenden Stimmung.

In der Lucas-Passion steht die Ausdrucksweise Jesu dem Choraltone viel näher als bei Johannes, und doch sind dort Züge von einer imponierenden Großartigkeit, blendende Declamationsaccente, wie man sie bei letzterem vergeblich sucht. Man kann nicht ohne weiteres sagen, daß zu derartigen Ausdrucksformen der johanneische Text absolut keinen Anlaß gebe; die Worte: „Mein Reich ist nicht von dieser Welt; wäre mein Reich von dieser Welt, meine Jünger würden drob kämpfen, daß ich den Juden nicht überantwortet würde", wären an sich wohl geeignet, mit heroischem Ausdrucke gesungen zu werden. Und andererseits zeigt Schützens Werk „Die sieben Worte", welche Inbrunst der Empfindung gelegt werden könnte in die beiden Sätze „Mich dürstet" und „Es ist vollbracht", die hier in fast farbloser Weise auf die einfache Tonfolge g a h a g gesungen werden. Wenn Schütz in der Johannes-Passion nirgends einen stärkeren Accent in der Rede Jesu anwendet, sondern stets in dem gleichen stillwehmütigen Tone bleibt, so kann das nur Absicht von ihm sein, zumal die später geschriebene Matthäus-Passion gerade das, was man bei Johannes vermißt, scharf dramatisch hingestellte Personen, im höchsten, überraschendsten Maße zeigt. Wenn oben die Anwendung der dämmerhaften phrygischen Tonart für die Johannes-Passion als ein Zeichen für Schützens eminentes Feingefühl in Beurteilung literarischer Eigentümlichkeiten gepriesen werden mußte, so wird es unter dasselbe Urteil fallen, wenn er hier die Person Jesu so still wie einen heiligen Schatten an uns vorübergleiten läßt. Ob er sich dessen voll bewußt war, was er erreichte, als er der Erscheinung Jesu diesen musikalischen Ausdruck gab? vielleicht muß man's verneinen. Aber das ist ja gerade die Weise des Genius, daß ihm durch Intuition klar wird, was andere mit Mühe erforschen, und daß er unwillkürlich dem Ausdruck giebt, was andere mit berechnendem Scharfsinne darzustellen versuchen.

Es wäre auffallend, wenn die Chöre an dieser Eigentümlichkeit der Gesänge der einzelnen Personen nicht teilnähmen. In der That scheint es mir auf der Hand zu liegen, daß viel mehr noch wie bei der Partie des Jesus die Lucas-Passion der des Matthäus näher steht in der Schärfe des dramatischen Ausdrucks bei den Chören. Dieselben haben in erster Linie einen, im Vergleich zu den beiden eben genannten Werken, großen Umfang. Die dramatische Knappheit, die vielfach bei Lucas, überall und im höchsten Maße bei Matthäus sich findet, ist hier lange nicht in der Weise vorhanden; es herrscht eine gewisse oratorienhafte Breite. Das zeigt sich z. B. deutlich gleich bei dem Chore der Häscher Jesu, wo auf die Worte „Jesum von Nazareth" ein Chor von 13 Tacten sich entwickelt. Nach rein dramatischen Gesichtspunkten geurteilt wäre das eine Unmöglichkeit; nicht, wo das Streben besteht, die Eigenart der johanneischen Darstellung zu ihrem Rechte kommen zu lassen. Da ist es sogar erträglich, daß derselbe Chor in derselben Länge auf die zweitmalige Frage Jesu: „Wen suchet ihr?" wiederholt wird.

Eine zweite Eigentümlichkeit der Johannes-Chöre gegenüber Lucas und Matthäus ist ein starkes Hervortreten des melodischen Elementes. So gedehnte melodische Linien, wie die Chöre: „Wäre dieser nicht ein Übelthäter", „Lässest du diesen los" u. a. bieten, finden sich bei Lucas und Matthäus nicht. Daß diese Beobachtungen nicht auf Täuschung beruhen, dürfte vielleicht auch dadurch gesichert werden, daß Riedel, der die oratorienhaft breiten und melodisch gefälligen Marcus-Chöre bevorzugt, in seine Zusammenstellung von den 16 Johannes-Chören 7 aufgenommen hat, während von der gleichen Zahl bei Lucas von ihm nur 2 benutzt sind.

Endlich gilt von den Chören ganz das, was von der Partie des Pilatus gesagt ist; die eigentümlich still wehmütige Stimmung, die dem ganzen Evangelium eigen ist, ist auch mehr oder weniger in sie eingedrungen. Solchen charakteristischen Gebilden wie dem Chor: „Schreibe nicht der Juden König", der uns mitten hinein versetzt in die zum Teil lebhaft demonstrierende, zum Teil starr auf ihrem Anliegen bestehende Gesellschaft der Schriftgelehrten, oder dem folgenden, der uns zu den habgierig sich um Jesu Kleidungsstücke reißenden Kriegsknechten führt — solchen Chören gilt das Gesagte allerdings weniger. Dagegen macht sich jener Ton z. B. in dem Chore: „Sei gegrüßet lieber Juden König", ebenfalls in den Kreuzige-Chören, vor allem in dem eigentümlich ergreifenden „Wir haben ein Gesetz und nach dem Gesetz soll er sterben", sehr bemerklich. Man kann nicht sagen, daß diese Chöre der charakteristischen Farben ermangeln; man muß sie nur einmal mit den Marcus-Chören vergleichen, um den lebhaften Eindruck davon zu bekommen. Wie ungeheuer verschieden ist z. B. der Ausdruck der ersten Volkschöre! Auf die Frage des Pilatus: „Was bringet ihr für Klage wider diesen Menschen?" beginnen in der Tiefe die Bässe. Stimme auf Stimme schließt sich an, bis endlich der ganze Volkschor auf den Landpfleger losbraust: „Wäre dieser nicht ein Übelthäter, wir hätten dir ihn nicht überantwortet." Ganz umgekehrt nach der folgenden Bemerkung: „So nehmet ihr ihn hin und richtet ihn nach eurem Gesetze", setzen klagend die Soprane ein: „Wir dürfen niemand töten", und die anderen Stimmen folgen nach unten zu stufenweise; das Ganze der Ausdruck empfindlicher Mißstimmung. Das Gleiche gilt von dem declamatorischen Element der Chöre gegenüber denen bei Marcus; solche Declamationen wie in dem Chore: „Nicht diesen, sondern Barrabam" oder: „Wir haben keinen, keinen König denn den Kaiser" finden sich dort überhaupt nicht. Und trotzdem dieser eigentümliche Unterschied von den beiden Passionen, zwischen denen, der historischen Reihenfolge nach die Johannes-Passion steht!

Die Johannes-Passion steht, was die dramatische Kraft des Ausdruckes betrifft, hinter Lucas und Matthäus zurück, und doch wird man sagen dürfen, daß sich die Eigentümlichkeit von Schütz bei Johannes, wenn auch nicht kräftiger, so doch allseitiger ausspricht als bei Lucas. Während bei Marcus jener dramatische Mangel darauf beruht, daß sich der Verfasser nicht in der dem Objectiv-Historischen nachgehenden Eigenart von Schütz gegeben hat, beruht eben dieser Mangel bei Johannes gerade darauf, daß Schütz dem ihm gegebenen Stoffe gegenüber sich selbst getreu geblieben ist. Die Marcus-Chöre sind durchaus subjectiv, die bei Johannes durchaus objectiv; daß sie weniger dramatisch sind als die bei Lucas und Matthäus, hat seinen Grund darin, daß Schütz sich zum objectiven Interpreten der Darstellung gemacht hat, die, von des Johannes idealistischer Subjectivität durchdrungen, an dramatischer Kraft hinter dem Realismus der Synoptiker zurückbleibt. Schütz bietet in seiner Johannes-Passion ein getreues Abbild der Erscheinungen, die dem fein fühlenden, historisch angelegten Menschen aus dem Johannes-Evangelium entgegentreten. Wenn oben bemerkt wurde, daß Bach's Johannes-Passion jenen Gesammtton des johanneischen Evangeliums nicht getroffen hat, den Schütz in so genialer Weise durch Wahl der phrygischen Tonart erreicht hat, so zeigt sich auch darin, daß Bach an zwei Stellen, bei Petri Verleugnung wie nach dem Tode Jesu, Einschiebungen effectvoller Scenen nach Weise der Synoptiker vorgenommen hat, wie wenig ihm die literarische Eigentümlichkeit des johanneischen Evangeliums aufgegangen war. Schütz läßt die Darstellung des Johannes intact, obwohl er besonders schwer den Mangel an scharfer dramatischer Gestaltung empfunden haben wird. Letzteres dürfte sich übrigens auch darin zeigen, daß er von seinem Werke die mysteriösen Betrachtungen ausschließt, die der Evangelist an Jesu Tod anknüpft und die von Bach, der, allerdings nicht ausnahmslosen, Tradition gemäß, mitcomponirt sind.

Der eigenartig gleichmäßige Ton des Schütz'schen Werkes verleugnet sich auch in den beiden Chören nicht, welche seine Historia einrahmen, ja man kann wohl sagen: die Stimmung von der das ganze Werk durchtränkt ist, kommt nirgends intensiver zum Ausdruck. An Ausdehnung übertreffen beide sämmtliche Parallelchöre in den anderen Passionen. In ganz wunderbar concentrierter Weise ist in der Composition der Worte „Das Leiden unsers Herren Jesu Christi" jener Zug des stillen, leidenschaftslosen, man möchte sagen, engelhaften Duldens, der die Erscheinung Jesu bei Johannes auszeichnet, zum Ausdruck gekommen. Die lange Ausspinnung der Musik auf die Worte „der heilige Evangeliste Johannes" mutet den Hörer an, als ob der Sänger dieses Werkes ganz versunken wäre im Anschauen des Angesichtes mit dem verklärt schwärmerischen Ausdrucke, wie es die Tradition dem Verfasser des vierten Evangeliums zugeschrieben. — Im Schlußchore wird nicht blos der Text des Liederverses „O hilf Christe Gottes Sohn durch dein bitter Leiden" angestimmt, sondern auch die Melodie desselben motettenartig entfaltet. Leise pulsierend beginnt der Alt, mit dem dritten Viertel treten die beiden unteren Stimmen hinzu, im zweiten Tacte eine Octave über dem Alt der Sopran; wie ein letzter Abendsonnenglanz legt es sich um das Haupt dessen, der ausgelitten. In stillen Gängen, meist paarweise, ziehen die Stimmen ihre Straße. Aber bei den Worten „fruchtbarlich bedenken" schwingen sie sich empor, mit schwärmerischen Modulationen und lang gehaltenen Tönen, gleichsam als wollten sie noch einmal in einem Zuge die heiligsüßen Empfindungen auskosten, die diese Geschichte erwecken mag. Dann sinken sie herab und bringen „wie wohl arm und schwach" ihr Dankopfer. Mild und still wie das Werk begonnen, wie sein ausgesprochenes Wesen war, schließt es — in seiner Weise ein Meisterwerk, ein beredtes Zeugnis für die feinfühlige, tiefe Seele des Meisters.

5. Die dramatischen Chöre der Matthäus-Passion.

Wer ein Werk wie die Johannes-Passion in seiner ganzen Größe verstehen und genießen will, muß es nehmen als das, was es zu sein beabsichtigt. Danach beurteilt hat Schütz das Ziel, das er erstrebte, in der Johannes-Passion vollkommen erreicht. Das schließt jedoch nicht aus, daß er einen Stoff finden konnte, in welchem die Eigenart seiner Natur und die Größe seiner Kunst sich noch glänzender und überzeugender zu offenbaren vermag. Und das ist meiner Überzeugung nach in der Matthäus-Passion der Fall, die ihren späteren Ursprung wohl dadurch beweisen wird, daß im Einzelgesange die Anklänge an den Choralton noch seltener geworden sind als bei Johannes.

Freilich, dieses Urteil über den Wert der Matthäus-Passion wird man vor allem den Chören gegenüber erst dann mit der vollen Sicherheit gewinnen, wenn man den Weg durch die anderen Passionen hindurchgegangen ist und sich mit der Eigenart von Schütz und den von ihm erstrebten Zielen vertraut gemacht hat. Ohne weiteres imponieren die Matthäus-Chöre nicht in dem Maße, wie viele in den anderen Passionen. Damit kann ich mich nicht blos auf meine eigene Erfahrung berufen, sondern auch auf das, was ich oben bereits über Riedel's Verfahren bei seiner Zusammenstellung der „schönsten Chöre" bemerkt habe; während er von 16 Marcus-Chören 11 aufnimmt, so gebraucht er von 22 Matthäus-Chören nur 4. Die Chöre bei Matthäus scheinen an einer merkwürdigen musikalischen Magerkeit zu leiden. Man vergleiche z. B. die Eingangschöre mit ihrer gleichen Wortzahl! Was Marcus in 23, Lucas in 27, Johannes gar in 35 Tacten ausführt, ist bei Matthäus auf 17 beschränkt. Noch frappanter ist das bei dem Kreuzige-Chore; Marcus dehnt ihn 16 Tacte aus, Lucas und Johannes je 14, Matthäus 4.

Aber freilich nur mit der Elle gemessen dürften die Matthäus-Chöre dürftig erscheinen. Factisch ist ihre Kürze eine künstlerische Notwendigkeit und gehört zur Stileinheit dieses Werkes. Dem johanneischen Mysticismus mit seiner weltabgewandten Schwärmerei, für den Schütz in der Johannes-Passion in so bewundernswerter Weise den richtigen Ausdruck gefunden hat, steht der herbe Realismus des Matthäus gegenüber. Während dort ein scharf ausgeprägtes dramatisches Leben, sollte dem Texte oder, richtiger vielleicht, dem Geiste des Evangeliums nicht Gewalt angethan werden, sich nicht entwickeln konnte, fordert Matthäus geradezu die Mittel dramatischer Kunst heraus. Wie nun aber Schütz durch Anwendung der dorischen Tonart bestrebt gewesen ist, seiner Darstellung das eigentümliche, von Johannes unterschiedliche Colorit zu geben, so ist er der Aufforderung des Textes zu dramatischer Darstellung mit derselben Genialität nachgekommen, mit der er der Subjectivität des vierten Evangelisten gerecht geworden ist. Anstatt der bei Johannes berechtigten Breite findet sich überall in den Chören diejenige Knappheit der Form, welche sie als Momente einer rasch sich vollziehenden Handlung haben müssen. Daran Anstoß nehmen, würde einen merkwürdigen Mangel an künstlerischem Verständnis und Urteil verraten.

Es ist längst bei Vergleichung der Bach'schen Matthäus-Passion mit der nach Johannes eine ähnliche Beobachtung gemacht, wie sie soeben bezüglich Schützens angestellt ist, und das daraus folgende Urteil ist für die Matthäus-Passion kein ungünstiges gewesen. Ph. Spitta bemerkt (Bach II, 378): „Jene Mischung von Breite und Gedrängtheit, welche den Chören der Johannes-Passion eigen ist, mußten wir als eine nicht völlig gelungene Ausgleichung des oratorienhaften und dramatischen Stiles bezeichnen. In der Matthäus-Passion ist die schwierige Aufgabe überall siegreich gelöst. **Breite musikalische Anlage ist in den dramatischen Chören nirgends bemerkbar.** Wo sie eine gewisse Länge haben, wird sie durch die Fülle der Texteswortes bedingt." Dasselbe gilt von Schütz. Aber freilich, der tiefgehende Unterschied zwischen ihm, dem Dramatiker, und Bach, dem Kirchencomponisten, ist auch hier, beim Blick auf die Ausdehnung der Chorsätze, zu erkennen. Es verlohnt sich, dem ein wenig weiter nachzugehen, da eine Vergleichung des Schütz'schen Werkes mit der populär gewordenen Bach'schen Matthäus-Passion der Weg sein möchte, auf dem am leichtesten eine deutlichere Erkenntnis von Schützens Eigenart und seinem besonderen Werte gewonnen werden könnte.

Nach der Zahl der Tacte berechnet, sind die Bach'schen Chöre fast sämmtlich kürzer als die von Schütz; vgl. z. B. „Ja nicht auf das Fest," Bach 6, Schütz 16; „Wozu dienet dieser Unrat," B. 11, S. 20; „Barrabam," B. $1/2$, S. 5; „Sei gegrüßet," B. 4, S. 16; „Der rufet den Elias," B. 1, S. 4; „Halt laß sehen, ob Elias komme," V. 3, S. 14; „Wahrlich, dieser ist Gottes Sohn gewesen," V. 2, S. 10; „Herr, wir haben gedacht, daß dieser Verführer sprach." V. 23, S. 42. Wenn nun auch der größere Tonkörper und die reichere Figuration bei Bach ein etwas gemäßigteres Tempo bedingt, (obwohl man sich auch bei Schütz des declamatorischen Wesens seiner Chöre wegen vor einem überhasten des Tempo's hüten muß, so sind doch durchweg die Bach'schen Chöre knapper gehalten. Diese Knappheit ist allerdings, wie oben bemerkt, im Vergleich mit den Chören seiner Johannes-Passion, ein entschiedener Fortschritt zu größerer dramatischer Wahrheit des Ausdruckes. Wo diese Knappheit aber die der Schütz'schen Chöre überbietet, da wird man sagen dürfen, daß Bach darin nach der anderen Seite das Maß, das für die dramatische Situation nötig ist, nicht innehält. Jene Knappheit erklärt sich daraus, daß er nicht in erster Linie Dramatiker, sondern Kirchencomponist ist. Der Realist Schütz steht dagegen mit seinen Matthäuschören, die, was die Ausdehnung betrifft, die Mitte halten zwischen den Bach'schen Johannes- und Matthäus-Chören, als vollkommener Dramatiker da.

Einen deutlichen Beweis für die Richtigkeit dieser Behauptung wird ein Vergleich der beiden Chöre auf das Wort „Barrabam" geben. Ich teile die Bemerkung mit, welche Ph. Spitta über den Bach'schen Chor macht, da durch dieselbe zugleich auch die Eigenart des Schütz'schen ins Licht gerückt wird. „An keiner anderen Form läßt es sich überzeugender nachweisen, daß Bach's Mysterien eine Kunstgattung für sich bilden, als an den dramatischen Chören der Matthäus-Passion. Man beachte die Stelle, wo das jüdische Volk auf Anstiften der Hohenpriester und Ältesten die Losgebung des Barrabas verlangt. Der Evangelist läßt es auf die Frage des Pilatus nur mit dem einzigen Worte „Barrabam" antworten. Die Situation ist unzweifelhaft sehr affectvoll. Auch der Oratoriencomponist würde deshalb veranlaßt sein können, die gespannte Empfindung sich in einem Chore entladen zu lassen. Das müßte dann aber in einer Form geschehen, in welcher der Chor als musikalisches Organ seine volle Wirkung thun könnte, also in einem breit ausgeführten Stücke, und auch wohl über etwas zahlreichere Textesworte. Der Dramatiker — der Operncomponist, wenn man will — würde sich kürzer zu fassen haben, da wir inmitten der Entwickelung einer Handlung stehen. Er hätte außer dem Empfindungsausdruck auch den sichtbaren Vorgang zu berücksichtigen: einen

aufgeregten Volkshaufen, der ungestüm **und tumultuarisch** den Land=
pfleger umdrängt. Ein im wilden Durcheinander der Stimmen rasch
vorüber brausender Satz wäre das Richtige gewesen für seinen Zweck.
Bach, der Passionscomponist, **läßt die vereinigten Chöre den Namen
Barrabas auf** einem mittelst Trugschlusses erreichten **verminderten
Septimenakkord** ein einziges Mal herausstoßen. Oratorienhaft ist das
natürlich nicht, aber auch im Drama **wäre** eine solche Knappheit des
Ausdruckes in diesem Momente unmöglich. Bach braucht keine Rück=
sicht auf einen scenischen Vorgang zu nehmen, eine Freiheit, welche
er im gegebenen Falle dazu benutzen darf, den Ausdruck noch über
das dramatische Maß hinaus zu concentrieren. Er zeichnet in er=
schöpfender Weise die Wildheit der Empfindung, zeichnet das Volk als
dramatische Person und zeichnet den jähen Schrecken, **der das Gemüt
des gläubigen Christen bei der Antwort desselben ergreift.**"

Diese Ausführung stellt Schützens Unterschied von **Bach** in helles
Licht; sein fünftactiges Chorsätzchen ist in der That das, was vom dra=
matischen Componisten zu fordern ist; während die entsprechenden Chöre
in der **Schütz'schen** Johannes= und Lucas=Passion sich dem oratorischen
Ausdrucke nähern.

Daß **jene nicht blos von dramatischen,** sondern **auch von kirchlichen**
Rücksichten bedingte Art und **Weise Bach's** die vielfach Schütz über=
bietende Knappheit **der** Chorformen **zur Folge** gehabt hat, läßt sich
noch bei einer ganzen Reihe von **Chören** zeigen, einesteils bei solchen,
wo der Text **von so geringer religiöser** Bedeutung erschien, daß Bach
schnell darüber hinwegeilen **konnte,** während der Dramatiker Schütz
ohne Rücksicht **auf die kirchlichen Interessen die** Situation so nimmt,
wie sie sich historisch darbietet, (vergl. die unten noch zu besprechenden
Chöre „Der rufet den Elias" und „Halt, laß sehen, ob Elias komme",)
andernteils bei solchen, wo das kirchlich subjective Verständnis der be=
treffenden **Worte** einen kürzeren Ausdruck gestattet oder fordert, als **er**
in der betreffenden geschichtlichen Situation natürlich **wäre** (z. B. der
Chor „Wahrlich, dieser ist Gottes Sohn gewesen".) In der That,
nach dramatischen Rücksichten beurteilt, steht Schütz in den Matthäus=
Chören sowohl denen aus den längeren in den anderen Passionen als
den kürzeren der Bach'schen Matthäus=Passion gegenüber auf der Höhe
der Meisterschaft. Nirgends musikalische Breite oder symbolische Kürze,
sondern überall dramatische Gedrungenheit

Hiermit hängt die andere Eigentümlichkeit der Matthäus-Chöre eng zusammen: größeste Schärfe der Charakteristik in dem betreffenden dramatischen Ausdrucke. Darin zeichnen sich dieselben nicht blos vor den undramatischen Marcus-Chören aus und vor denen aus Johannes, wo die entschieden vorhandenen Nüancierungen des Ausdruckes abgeschwächt werden durch das gleichmäßig matte Licht, was sich über die ganze Darstellung ausbreitet, sondern auch im hohen Maße vor den entsprechenden Bach'schen Chören. Dieses Urteil, das sicher bei vielen gedankenlosen Verehrern von Bach auf Widerspruch stoßen wird, werde ich, um die Eigenart von Schütz so viel als möglich deutlich zu machen, Chor für Chor zu beweisen suchen.

Richtig bemerkt der oben genannte Schriftsteller von Bach's Passionen: „Die dramatisierenden Chöre sind nicht anders als die Choräle nur der Ausdruck kirchlicher Mitempfindung". Anders bei Schütz, hier findet sich überall der ungeschminkte Ausdruck für die betreffende geschichtliche Situation, mag sie dem kirchlichen Empfinden nahe liegen oder ganz fern stehen. Der erste dramatische Chor behandelt die Worte der Hohenpriester und Schriftgelehrten: „Ja nicht auf das Fest, auf daß nicht ein Aufruhr werde im Volk." Bei Bach finden wir eine ziemlich allgemeine Stimmung, man gewinnt die Vorstellung einer lebhaft discutierenden Ratsversammlung, der Aufruhr wird gemalt durch ein Durcheinanderrollen der figurierten Stimmen. Das Charakteristische der Stimmung, welche die genannten Worte aussprechen: die ängstliche Sorge des bösen Gewissens, Furcht vor Vereitelung des Anschlages ist wie in der Marcus-Passion so auch bei Bach nicht zum Ausdrucke gekommen, in schärfster Weise dagegen in dem Schütz'schen Matthäus-Chore. Man achte nur auf den Tonfall in der Declamation und darauf daß, während Bach mit der Vorstellung des Aufruhrs abschließt, bei Schütz die warnenden Rufe des Anfangs: „Ja nicht, ja nicht, nicht auf das Fest", den Schluß machen.

Das Gleiche ergiebt sich bei Beobachtung des zweiten Chores: „Wozu dienet dieser Unrat? Dieses Wasser hätte mocht teuer verkauft und den Armen gegeben werden." Bei Bach hat derselbe den Ausdruck einer gewissen Gutmütigkeit. Die Jünger bedauern aufrichtig die Geldverschwendung, die für die Armen so viel besser angewandt gewesen wäre. Schütz, in engem Anschluß an den Text: „Da das seine Jünger sahen, wurden sie unwillig", und: „Was bekümmert ihr das Weib", sowie offenbar in Erinnerung an den johanneischen Bericht, wo die betreffenden Worte dem Judas in den Mund gelegt werden mit der Bemerkung: „Das sagte er aber nicht, daß er nach den Armen fragte, sondern er war ein Dieb und hatte den Beutel", zeichnet die Jünger viel weniger liebenswürdig. Vielleicht ist es nicht absichtslos, daß er den Alt beginnen läßt, die Stimmlage, in der Judas singt. Auf jeden Fall bringt das von den vier Stimmen hinter einander eingesetzte „Wozu" auf die halben Noten, denen dann eine so rasche Bewegung folgt, und mit der scharfen Betonung der zweiten Silbe in Folge des aufwärts gemachten Quarten-, resp. Quintenschrittes die Stimmung eines gründlichen Ärgers der Jünger zum Ausdruck — eine Stelle, deren Vergleich mit der Bach'schen Parallele man denen zur Erwägung empfehlen kann, die Bach declamatorisch, statt musikalisch behandeln möchten. Nach diesem Maßstabe beurteilt, stände Bach hier tief unter Schütz, während er doch in Wahrheit nur ganz anders als dieser ist. — Noch charakteristischer ist der weitere Verlauf. Die Worte: „Dieses Wasser hätte mocht teuer verkauft", werden hart hervorgestoßen; hinter dem „und", das den folgenden Satz anknüpft, wird der Gesang jedoch plötzlich und scheinbar ganz unmotiviert durch eine Achtelpause unterbrochen, hinter welcher mit weicherem Ausdrucke die Worte gesungen werden „den Armen gegeben werden". Es ist kaum zu verkennen, daß Schütz hat darstellen wollen, wie sie in ihren habsüchtigen Gedanken sich fast verraten hätten, und wie die fromme Motivierung ihres Unwillens nichts als scheinheilige Heuchelei gewesen. Man muß den parallelen Marcus-Chor zur Hand nehmen, um zu sehen, wie Schütz den dramatischen Ausdruck zu finden verstand.

In dem folgenden Chore der Jünger: „Wo willst du, daß wir dir bereiten, das Osterlamm zu essen?", dessen gänzlich undramatische Auffassung bei Marcus oben besprochen ist, berührt sich der Ausdruck bei Bach und Schütz. Ersterer nähert sich allerdings mehr noch der Empfindungsweise, wie sie der betreffende Lucas-Chor mit seiner demütig innigen Stimmung ausspricht. Schütz hat bei Matthäus in höherem Maße, als es bei Bach der Fall ist, den Worten einen religiös-feierlichen Ausdruck gegeben, der bei ihm vermutlich mit dadurch veranlaßt ist, daß er in der Feier des Passahmahles das Vorbild des Abendmahles sah.

Bei der Frage der Jünger: „Herr, bin ichs?", mit der sie Jesu

Wort begegnen: „Einer unter euch wird mich verraten", findet sich bei beiden Meistern die gleiche betrübte Grundstimmung ausgesprochen; aber bei Bach hat dieselbe einen bemerkbaren Beisatz von kirchlichem Pathos; der Chor leitet bereits über zu dem Choral: „Ich bins, ich sollte büßen"; Schütz dagegen giebt ganz realistisch das jähe Auffahren der entsetzten Jünger ohne jeden Anklang einer symbolischen Auffassung.

Zugleich mit den Chören mag auch das Duett der falschen Zeugen betrachtet werden, das den charakteristischen Unterschied zwischen Schütz und Bach ganz besonders deutlich macht. Der Situation entspricht es, daß die Worte Jesu: „Ich kann den Tempel Gottes abbrechen und in dreien Tagen denselben bauen", so ausgesprochen werden, daß der Frevel, den man darin finden wollte, frivole Leichtfertigkeit dem erhabenen Heiligtume Israels gegenüber, zum Ausdrucke kommt. In dieser Weise läßt Schütz die Worte declamieren. Ganz anders Bach, da findet sich keine Spur von Ironie und Böswilligkeit. Vielmehr offenbart sich die Empfindung, die sich in dem oben besprochenen Marcus-Chore so warm äußert, die Empfindung des Christen, der an den Tempel des Leibes Jesu denkt, den dieser in der That nach dreien Tagen in der Auferstehung siegreich aufgerichtet hat.

Das Urteil der Hohenpriester über Jesus: „Er ist des Todes schuldig", das bei Bach wieder nicht ohne ein gewisses kirchliches Pathos ausgedrückt wird, erfolgt bei Schütz ohne jede Leidenschaftlichkeit des Ausdruckes; nachdem Kaiphas sich so vollständig überzeugt gezeigt hat von Jesu todeswürdiger Schuld, können ihm die anderen Mitglieder des Hohenrates nur beistimmen. Um so leidenschaftlicher ist der Chor „Weissage uns, Christe, wer ist es, der dich schlug!" — der erste Ausbruch eines bis dahin hinter Rechtsformen versteckten Hasses. Es ist höchst charakteristisch für die Eigenart der beiden fraglichen Componisten, welche Worte von ihnen besonders hervorgehoben werden, bei Bach ist es das „Weissage", bei Schütz dagegen die mit dem Ausdruck eines sich immer noch steigernden, fanatischen Hohnes wiederholte Frage: „Wer ist es?"

In die Scene von Petri Verleugnung fällt der Chor: „Wahrlich, du bist auch einer von denen, denn deine Sprache verrät dich." Es ist dieses eine der religiös bedeutungslosen Stellen, denen der Kirchencomponist Bach kein tieferes Interesse abgewinnen kann. Er läßt die Worte in leichter, heiterer Weise hinsingen. Aus der Betrachtung der geschichtlichen Situation ist dieser Ausdruck nicht hervorgegangen. Um so mehr gilt das von Schütz. Wenn die Knechte ihre Rede mit „Wahrlich" beginnen, so weist dasselbe entschieden zurück auf die zweimalige Anrede der Mägde und die beide Male verneinende Antwort des Petrus; sie bekräftigen das Urteil der Mägde und fügen demselben den Hinweis auf eine Thatsache bei, die kein Leugnen des Petrus aufkommen lassen wird: „Deine Sprache verrät dich." Diese Auffassung der Worte ist von Schütz in geradezu staunenswerter Schärfe des Ausdruckes wiedergegeben. Das „Wahrlich", das bei Bach so schnell in Achtel-Noten vorüberfliegt, läßt Schütz lange aushalten; nach den lebhaft declamierten folgenden Worten, bei denen besonders das wiederholte „Du" eigenartig wirkt, wendet Schütz sich dann, modern ausgedrückt, aus G-moll nach C-dur, wodurch die Worte „denn deine Sprache verrät dich" den Charakter einer siegesgewissen, keinen Widerspruch duldenden Zuversicht erhalten.

Meisterstücke charakteristischen Ausdruckes sind die beiden Chöre der Hohenpriester in der Judas-Episode, vor allem der zweite: „Es taugt nicht, daß wir es in den Gotteskasten legen, denn es ist Blutgeld." Aus der Betrachtung der letzten Worte gewinnt Schütz die Vorstellung, daß den Hohenpriestern eine gewisse Ahnung ihres Verbrechens gekommen ist. Die Verzweiflung des Judas kann sie schließlich nicht so kalt gelassen haben, als es nach ihrer ersten Antwort scheinen möchte. So klingt der Chor nicht wegwerfend, sondern beklommen und bei dem Worte „Blutgeld" wie schaudernd. Wer daneben das Duett hält, das Bach auf diese Worte singen läßt, wird, selbst wenn er ein unbedingter Verehrer desselben wäre, gestehen müssen, daß Schütz die historische Situation in einer Schärfe erfaßt hat, wie es bei Bach nicht entfernt der Fall ist.

An keiner Stelle lag wohl für den Componisten die Versuchung näher, die realistische Darstellung des Vorganges einmal zu vergessen und dem Chore seine eigenen Gefühle zu leihen als in der Gerichtsscene vor Pilatus. Aber gerade hier tritt der Schütz'sche Realismus, man möchte fast sagen, in voller Nacktheit hervor. Von dem Chore „Barrabam" ist oben schon bemerkt, daß er nicht jenen symbolischen, überdramatischen Charakter zeigt, wie bei Bach, sondern in dramatischer Kürze das Geschrei des tumultuierenden Volkshaufens zum

Ausdrucke bringt. Desgleichen ist den Chören: „Laß ihn kreuzigen", nichts von dem Entsetzen beigemischt, das der Christ beim Anhören dieser Worte empfindet und dem Bach durch das kreuzgestaltige, verrenkte Thema, sowie durch die ganze leidenschaftlich düstere Stimmung Ausdruck gegeben hat. Schütz führt uns hinein in eine lebhafte Unterredung zwischen Landpfleger und Volk, Rede und Gegenrede folgt sich Schlag auf Schlag. Da ist kein Anlaß zu längeren musikalischen Expositionen. Was aber das Volk dem Landpfleger erwidert, braucht um so weniger mit besonderer Leidenschaft gesagt zu sein, als Pilatus überhaupt keinen ernstlichen Versuch macht, seine Meinung gegen die des Volkes durchzusetzen. Man muß sich in Erinnerung halten, was für Töne Schütz für das „Kreuzige" hat, wenn er darin, wie bei Lucas, das letzte Wort der durch Pilatus lange hingehaltenen und deshalb leidenschaftlich gereizten Menge ausdrücken will, um die künstlerische Notwendigkeit und Vollkommenheit der beiden viertactigen Kreuzige-Sätze bei Matthäus zu begreifen. — Ebenso wie bei diesen Chören wird bei dem folgenden „Sein Blut komme über uns und unsere Kinder" der oberflächliche Beurteiler der Ansicht sein, hier finde sich eine auffallend schwache Stelle des Werkes. Bei Bach ist dieser Chor von bemerkenswerter Breite und großem Pathos. Daß er das im Munde der Juden nicht gewesen ist, daß vielmehr die fraglichen Worte eine entschieden leichtfertige Äußerung dem ernst und bedenklich gewordenen Pilatus gegenüber sind, liegt auf der Hand. Dem entspricht der einfache, völlig leidenschaftslose, fast heitere Charakter dieses Chores bei Schütz. Es ist dieses eine Stelle, bei der Schützens Eigenart für den die Passionsgeschichte miterlebenden Christen nahezu störend ist. Wer kann jene leichtfertigen Worte hören, ohne in ihnen das Heraufbeschwören des Gerichtes zu erkennen, das die Juden so entsetzlich gestraft hat?

In dem Chore der Kriegsknechte: „Gegrüßet seist du, der Juden König", spricht sich gefühllose Rohheit aus, wie sie die an Jesu Sache gänzlich unbeteiligten römischen Soldaten gewiß geäußert haben, entsprechend den Worten des Evangelisten, welche den Chor einleiten und abschließen. Wie ungemein weicht dieser Ausdruck ab von dem innigen, nahezu schwärmerischen Grüßen in der Marcus-Passion, aber auch von dem Parallel-Chore bei Bach. Die Eigenart des Schütz'schen Chores wird schon offenbar, wenn man auf die Wortwiederholungen achtet.

Während in der Marcus-Passion der ganze Satz von den einzelnen Stimmen wiederholt wird, bei Bach dagegen nur die erste Hälfte: „Gegrüßet seist du", und dann zum Schluß nur ein einmaliges von allen Stimmen zugleich gesungenes „Judenkönig", so wiederholt Schütz in der Matthäus-Passion besonders das Wort „du" und läßt dasselbe von den einzelnen Stimmen stoßweise und abgerissen singen, sodaß man den Eindruck empfängt, als ob die rohe Menge Jesu wiederholt Stöße und Schläge versetze.

Die beiden Spottchöre unter dem Kreuze sprechen für sich selbst. Dem Zusammenhange entsprechend, nach welchem der erste von denen, welche kopfschüttelnd, an Jesu freventliches Wort über den Tempel Gottes erinnernd, vorübergehen, der andere von den triumphierenden Hohenpriestern und Ältesten angestimmt wird, hat jener einen mehr ernsten und strafenden Charakter, dieser einen frech spottenden. Ich kann nicht auf alle die feinen Züge in diesen beiden Stücken aufmerksam machen; aber an einer Stelle möchte ich nicht vorübergehen, an welcher der charakteristische Unterschied zwischen Schütz und Bach besonders deutlich zu Tage tritt. Mit Recht zählt man es zu den imponierendsten Momenten des Bach'schen Werkes, wenn beim Schluß des zweiten Chores die Worte: „Ich bin Gottes Sohn", von dem Doppelchore unisono gesungen werden. Dieselben erhalten dadurch einen ungemein erhabenen, majestätischen Ausdruck, der im Gemüt des Gläubigen einen feierlichen Nachhall findet, während er aus der Situation der Feinde Jesu heraus den Charakter einer schweren Anklage annimmt. Dieser Doppelsinn ist für die Auffassung des Passionstextes durch den Kirchenmusiker ganz charakteristisch. Schütz, der objective Dramatiker, weiß, daß in der geschichtlichen Situation, die er wiederzugeben bemüht ist, weder die eine noch die andere Stimmung geherrscht hat. Ernstgemeinte oder nur ernst gehaltene Vorwürfe wollen die Feinde Jesu jetzt nicht machen; sonst würden sie nicht angefangen haben zu höhnen: „Andern hat er geholfen und kann ihm selber nicht helfen." So läßt denn Schütz in jenen Schlußworten den mutwilligen Hohn den Höhepunkt gewinnen, indem er die von Bach einmal und einhellig ausgesprochenen Worte oft singen läßt, und zwar jedesmal so, daß das „ich" wiederholt wird mit dem Accente auf der Wiederholung. Dadurch bekommt Jesu erhabenes Selbstzeugnis von seiner Messiaswürde in dem Munde seiner Feinde etwas im hohen Grade Karrikiertes. Durch die scharfe Betonung des

„ich", neben welchem „Gottes Sohn" zurücktritt, erhalten Jesu Worte
den Ausdruck einer eiteln, selbstgefälligen Überhebung.

Es giebt kaum eine Stelle der Matthäus-Passion, wo die Richtung von Schütz in ihrer totalen Verschiedenheit von Bach so lebhaft hervortritt, als in den beiden Chören, die auf Jesu Wort „Eli, Eli, lama asabthani" folgen. Für die erbauliche Betrachtung der Leidensgeschichte sind die Bemerkungen: „Der rufet den Elias", und: „Halt, laß sehen, ob Elias komme und ihm helfe", ziemlich bedeutungslos. Dem entsprechend ziehen beide bei Bach vorüber, ohne einen bemerkenswerten Eindruck zu hinterlassen; beide Male bietet er einen kurzen homophonen Satz mit einer Orchesterbegleitung in Sechzehntelfiguren. Ganz anders bei Schütz, der hier zwei seiner charakteristischsten Stücke bietet. Nach dem Texte stehen sich zwei ganz verschieden empfindende Personengruppen gegenüber: die einen sind von Jesu Hülferuf, den sie als an Elias gerichtet verstehen, so erschüttert, daß alsobald einer von ihnen hinläuft, um Jesu Qualen durch einen Trunk Essigs zu lindern; die anderen dagegen spotten des Schreienden und suchen mit ihrem Spotte die Hülfebringenden zurückzuhalten. Von diesem Gegensatze, den man so leicht übersieht, und der mir erst durch die Interpretation von Schütz recht zum Bewußtsein gekommen ist, bemerkt man bei Bach nichts; beide Chöre werden in ganz derselben Weise gesungen und begleitet. Bei Schütz dagegen giebt die erste Personengruppe in langgehaltenen schmerzlichen Tönen, in denen man das „Eli, Eli" meint nachklingen zu hören, ihr Ergriffensein von Jesu Ruf und ihr Mitgefühl zu erkennen, während die andere in kurzen Ausrufen nach einer heiteren Weise ihr an Jesu Leiden völlig unbeteiligtes, spottsüchtiges Gemüt ausspricht.

Höhepunkte des Ausdrucks sind bei beiden Componisten die Worte des Hauptmanns und seiner Genossen unter dem Kreuze: „Wahrlich, dieser ist Gottes Sohn gewesen." Bei Bach äußert sich hier die tiefste Glaubens- und Liebesinbrunst. So spricht unter dem Kreuze der Christ, der dem Verschiedenen in liebendem Herzen eine Ruhestätte bereiten möchte; es sind Klänge, die in wundervoller Weise überleiten zu dem Berichte von den liebenden Weibern und zu den daran sich anschließenden lyrischen Sätzen. Schütz dagegen vergißt nie, daß er die Stimmung eines anderen ausdrücken soll, die sich mit der eigenen vielleicht berührt, nicht aber deckt. Er faßt die einleitende Bemerkung des Evangelisten scharf ins Auge: „Aber der Hauptmann und die bei ihm waren und bewahreten Jesum, da sie sahen das Erdbeben und was da geschah, erschraken sie sehr und sprachen." Diesen Schrecken, der das Gemüt erzittern läßt und die Überzeugung erweckt, daß der am Kreuze Verschiedene das nicht sein könne, wofür sie ihn gehalten, bringt Schütz zum Ausdruck, indem er das „Wahrlich", das in dem betreffenden Chore aus der Petrusepisode von allen vier Stimmen zugleich energisch eingesetzt wird, in langsamem Tempo und zitternder Figuration von den Stimmen hinter einander einsetzen und erst mit dem dritten Tacte sein Ende finden läßt. Dann singen je zwei und zwei Stimmen hinter einander: „Dieser ist Gottes Sohn gewesen", und zwar so, daß sich der Ausdruck mit jedem neuen Einsatze steigert, bis das endlich zur Gewißheit gewordene Bekenntnis in voller Kraft zum Abschluß gebracht wird.

Der Realismus von Schütz tritt in schärfster Weise auch bei dem letzten dramatischen Chore hervor: „Herr wir haben gedacht, daß dieser Verführer sprach, da er noch lebete: Ich will nach dreien Tagen wieder auferstehen. Darum befiehl, daß man das Grab verwahre bis an den dritten Tag, auf daß nicht seine Jünger kommen und stehlen ihn und sagen zu dem Volke, er ist auferstanden von den Toten, und werde der letzte Betrug ärger denn der erste." Während Bach zu den Worten der Hohenpriester einen erhabenen, würdevollen Doppelchor anstimmen läßt, bietet Schütz die überredenden Worte der Bittsteller bei Pilatus in entschieden jüdelnder Lebendigkeit mit vielen scharfen declamatorischen Accenten, die an einigen Stellen nicht ohne eine gewisse, in der Naturwahrheit der Darstellung liegende Komik sind. Ganz besonders bemerkenswert ist die Composition der Worte: „Ich will nach dreien Tagen wieder auferstehen", und „er ist auferstanden von den Toten". Bei Bach findet sich an beiden Stellen eine aufsteigende Tonreihe, die offenbar das Auferstehen darstellen soll, und der Ausdruck, besonders bei der ersten Stelle, entspricht der Empfindung, welche bei diesen Worten der Christ hat, welcher weiß, daß Christus allen Vorsichtsmaßregeln seiner Feinde zum Trotz das Grab siegreich verlassen hat. Wendet man sich von da zu der entsprechenden Stelle bei Schütz, so weiß man sich zunächst mit derselben nicht abzufinden, insofern das Wort „auferstehen" zu einer durchaus unfeierlichen Figur gesungen wird, deren Wahl gerade in der rein declamatorischen Matthäus-Passion, wo selten mehrere Noten auf eine Silbe gesungen werden, auffallend ist. Und doch charakterisiert sie den Ausdruck der Feinde Jesu vortrefflich, die bei dem Hinweis auf Jesu Wort von seiner Auferstehung lachend den Kopf schütteln. Ebenso wird die Predigt der Jünger: „er ist auferstanden von den Toten", aus der Stimmung der Hohenpriester heraus wiedergegeben. Durch die Wiederholung: „er ist auf-, er ist auf-, er ist auferstanden", die gerade in diesem fast ohne Wiederholung hinfließenden Chore bemerkenswert ist, erhält das Wort der Apostel etwas Marktschreierisches und Würdeloses.

6. Die dramatischen Soli der Matthäus-Passion.

Wenden wir uns von den dramatischen Chören zu dem dramatischen Einzelgesang, so begegnet hier dieselbe von Bach total verschiedene Eigenart Schützens, ja, man darf sagen, daß der dramatische Genius des Meisters hier in noch auffallenderer Weise hervortritt. Man hat gemeint, in den dramatischen Recitativen der Bach'schen Matthäus-Passion eine scharfe Charakterisierung der verschiedenen Personen finden zu können. Mit Recht ist dagegen bemerkt worden: „Was zur Hervorhebung der Personen geschehen soll, wird (bei Bach) durch die Verteilung der Reden an verschiedene Stimmen und bei den Reden Christi allenfalls durch eine besonders colorierte und zuweilen etwas selbständiger geführte Begleitung bewirkt. Von hier bis zu einer dramatischen Charakterisierung ist noch ein weiter Weg. Eine solche kann nur darin bestehen, daß für die verschiedenen Persönlichkeiten je eine besondere sich stets gleich bleibende Grundweise des Empfindungsausdruckes geschaffen wird, nach welcher sich der Ausdruck im einzelnen zu modificieren hat. Läßt sich diese nicht aufzeigen, so läuft alle vermeintliche Charakteristik auf angemessene Betonung der einzelnen Worte und Sätze hinaus. Und selbst diese ist bei Bach keineswegs so durchgehend vorhanden, daß man sagen könnte, sie habe ihm als oberstes Gestaltungsprincip vorgeschwebt." — Die für die einzelnen Personen sich stets gleichbleibende Grundweise des Empfindungsausdruckes, zu der sich in der Schütz'schen Johannes-Passion bei den Reden Jesu und des Pilatus wenigstens ein Ansatz fand, ist in der Matthäus-Passion zur schärfsten Charakteristik ausgebildet und zeigt sich um so glänzender, je größer die Zahl der redend eingeführten Personen ist.

In mittlerer Baßlage und ruhiger, würdevoller Declamation bewegt sich die Rede Jesu dahin. Aber es ist nicht die leidenschaftslose, trübe Ruhe des johanneischen Jesus. Wo es durch die Situation erfordert ist, werden die Worte affectvoll wiederholt und der sonst innegehaltene Tonumfang überschritten. Es liegt in der Natur der Sache, daß die Stimmung, welche die Reden Jesu beherrscht, dem kirchlichen Tone der Bach'schen Passion näher kommt als andere Partieen des Schütz'schen Werkes. Aber auch hier tritt das eigenartige declamatorische Element gegenüber dem melodischen bei Bach deutlich hervor und ermöglicht in dem immerhin engen Rahmen der Stimmung, in dem sich Jesus zu bewegen hat, eine große Mannigfaltigkeit des Ausdrucks. Wie fein nüanciert ist z. B. Jesu Rede in Bethanien: der milde Verweis an die murrenden Jünger und die freundliche Anerkennung des liebenden Weibes, der ernste Hinblick auf sein nahes Grab und der stolze Ausblick auf die Verkündigung seines Evangeliums in der ganzen Welt. Meint man nicht bei Jesu Klage über seinen Verräter vor dem Abendmahle und bei seinem Hinweise auf dessen Geschick Mienen und Bewegungen Jesu zu sehen? Ungemein deutlich tritt die Differenz zwischen Bach und Schütz bei dem Abendmahle hervor. Das Arioso, in dem Jesus bei ersterem seine Worte singt, mit der ruhig fortströmenden Melodie und Begleitung läßt die Vorstellung einer bestimmten dramatischen, höchst affectvollen Situation gar nicht aufkommen; hier redet der das Abendmahl feiernde Christ. Bei Schütz dagegen sieht man vor Augen, wie Jesus mit feierlicher Geberde das Brot darreicht (vgl. den Quintenschritt auf „Nehmet"), wie er hernach die Jünger aus dem Kelche trinken läßt (vgl. die Declamation bei dem zweimal hintereinander vorkommenden Begriffe „trinken") und schließlich, wie in Verzückung, hinweist auf das ewige Abendmahl im Reiche Gottes. — Welche wunderbare Plastik haben Jesu Reden in Gethsemane! Da ist keine Wendung ohne den wahrsten, natürlichsten Ausdruck. Und wie steigert sich die Declamation von den Worten an, wo er den Jüngern ankündet, daß er sich zum Gebete zurückziehen wolle: der Ausdruck seiner Betrübnis bis in den Tod, das erste Gebet mit dem kindlichen sanfteren Ausdruck, das zweite mit dem aus geängsteter Seele hervorbrechenden Jammerruf und den resigniert gesprochenen Worten „ich trinke ihn denn", und schließlich die heldenhafte Fassung „Stehet auf, laßt uns gehen!"

Der Höhepunkt der ganzen Partie des Jesus und zugleich eine Stelle, in welcher sich die Eigenart von Schütz in der glänzendsten Weise zeigt, ist Jesu Wort am Kreuze: "Eli, Eli, lama asabthani." Bei Bach hat dieser Schrei einen schmerzlichen, aber dabei doch milden Ausdruck. Das zeigt die Betonung des "Mein Gott", wo die volle kindliche Innigkeit sich ausspricht, während das "verlassen" ohne besonderen Accent ist. In den "sieben Worten" von Schütz, wo es sich nicht zunächst um dramatische Charakterisierung handelt, sondern wo die betreffenden Worte Jesu ihrer religiösen Bedeutung wegen zur Darstellung kommen, ist die Stimmung bei dem fraglichen Ausrufe eine ähnliche wie bei Bach. Ganz anders in seiner Passion. Hier offenbart sich der Schütz'sche Realismus in seiner ganzen erschütternden, das Maß des kirchlichen Empfindens weit überschreitenden Kraft. Vom d der mittleren Lage ringt sich auf das hier wie in den "sieben Worten" dreimal declamierte Eli der Ruf stufenweise bis zum hohen d empor; wie die nachher ebenso gesungene Übersetzung im Vergleich zu der Bach'schen zeigt, liegt der Accent nicht wie dort auf dem "mein", sondern auf "Gott". Nicht dem Vater, dem das Kind zutraut, daß er helfen will, sondern dem Gott, der wohl helfen kann, aber hier nicht hilft, gilt der mark- und beindurchschneidende Angstschrei, auf den ja auch der Evangelist hinweist mit den einleitenden Worten: "Und um die neunte Stunde schrie Jesus laut." Von dem hohen d sinkt dann die Stimme langsam zu ihrer Ausgangsnote herab, und zwar in den abgebrochenen Lauten: lama-a-sab-thani, und mit einem Ausdrucke, wie er nicht geeigneter gedacht sein kann für das Gefühl der Verlassenheit, des haltlosen Versinkens in eine grenzenlose Öde und Leere. Nichts von dem, was dem Christen dieses Wort lieb und heilig macht, klingt in Schützens Composition nach; die nackte Wirklichkeit stellt er dar; mit greller, unaufgelöster Dissonanz schließt Jesu Leben. In der That, will man Schützens unterscheidende Eigenart an einem Punkte deutlich ausgedrückt finden, so ist das hier der Fall. Aber selbst an dieser Stelle mit ihrem hoch leidenschaftlichen Ausdrucke ist die Declamationsweise innegehalten, welche die Partie des Jesus durchgehends kennzeichnet.

Um die Empfindung zu bekommen, daß diese Art der Declamation eine bewußte Charakteristik Jesu sein soll, muß man daneben die Baßpartie des Kaiphas halten. Auch wenn dessen Töne ohne Worte gesungen würden, könnte keiner auf den Gedanken kommen, das solle die Musik zu Jesu Rede sein. Anstatt der ruhigen Würde, wie sie sich in der gemäßigten Declamation kundgiebt, findet man den naturwahren Ausdruck scheinheiliger Gespreiztheit. Nur dreimal tritt Kaiphas redend auf, aber jedesmal findet sich dieselbe merkwürdige Art der Declamation, ein Sichbewegen bald in hoher, bald in tiefer Lage, ohne ruhige Vermittelung, sondern mit Überspringen großer Intervalle. Dadurch erhält die Rede den Charakter eines priesterlich manierierten Pathos. Frappant ist der bombastisch redende Pfaffe getroffen. Es ist dieses eine Partie, wo Schütz in seiner realistisch-dramatischen Eigenart die Grenze dessen, was im Gottesdienste möglich ist, schon überschritten hat. Gut gesungen macht der Kaiphas einen verächtlich-lächerlichen Eindruck.

Der gerade Gegensatz zu dem gezierten Pathos des Kaiphas ist die sanguinische Cantilene des Petrus, dem Schütz, im Gegensatz zu Bach, die höchste Tenorlage (den Evangelisten eingeschlossen) zuerteilt hat. Aus den fünf Malen, wo Petrus redend auftritt, sieht man deutlich, daß Schütz von ihm das Bild eines durchaus eigenartigen Charakters aufgefaßt hatte. Die stark in die Höhe strebende, melodische Art seiner Declamation kennzeichnet den Menschen von innigem, schnell entzündetem Empfinden, mit einem Worte den Sanguiniker. Als ein solcher tritt uns Petrus auch in den Evangelien, besonders in der Leidensgeschichte entgegen. Schütz hat für die Eigenart seiner Reden den rechten Ton getroffen. Man kann die Worte: „Und wenn ich mit dir sterben müßte, so will ich dich nicht verleugnen", mit der steigernden Wiederholung „so will ich dich" nicht schöner und charakteristischer ausgedrückt finden. Dieselbe Weichheit in der Empfindungsweise des Petrus zeigt sich bei seiner Verleugnung, wo die Abstufung des Ausdrucks in den drei Sätzen wieder Zeugnis ablegt von der merkwürdigen Auffassungsgabe Schützens für dramatische Situationen. Die Rede der ersten Magd trifft den Petrus unvorbereitet und wirkt, dem entsprechend, verwirrend auf ihn; er weiß nicht gleich, was er antworten soll, daher die Wiederholung des „ich". Die zweite Bemerkung findet ihn aufgeregt; obwohl das Wort nicht direct an ihn gerichtet war, fühlt er sich doch getroffen und schreit deshalb den über ihn Redenden seine Antwort zu. Das dritte Mal, wo die Schaar auf ihn eindringt und den unwidersprechlichen Beweis seines galiläischen Dialektes beibringt, zeigt des Petrus Ausdruck im Vergleich mit seiner zweiten Äußerung schon gebrochene Zuversicht.

Ebenso scharf durchgeführt ist die Partie des Judas, die einer Altstimme zugeteilt ist. Ein finsterer, dämonischer Zug ist dieser Erscheinung aufgeprägt; derselbe verleugnet sich bei keiner der vier Äußerungen, welche Matthäus ihm in den Mund legt, mag er den Hohenpriestern seine Dienste anbieten oder Jesum fragen, ob er auf ihn mit seinem Worte von dem Verrat durch einen Jünger gezielt habe, mag er die Häscher instruieren oder denen, die ihn gedungen, das Blutgeld wieder zurückbringen. Nie verliert die Rede den finsteren, unheimlich brütenden Ton, selbst da nicht, wo er in Reue über seine That klagt: „Ich habe Unrecht gethan, daß ich unschuldig Blut verraten habe", eine Stelle, bei der die Consequenz, mit der Schütz diese Partie durchgeführt hat, um so erschütternder wirkt, je lauter der Klageruf ist, mit dem der Evangelist diese letzte Äußerung des dem Tode der Verzweiflung entgegengehenden Menschen einleitet. Den Ausdruck der Worte des Judas hat Schütz dadurch noch gesteigert, daß er ihn häufiger als bei Jesus und Petrus einzelne Worte und Sätze wiederholen läßt. So wird durch Wiederholung des Satzes: „Was wollt ihr mir geben?" und des folgenden „ich" die kalte Habsucht, die in dieser Wendung sich ausspricht, noch verschärft. Die Frechheit, mit der er Jesu Klage über seinen Verrat beantwortet, wird geradezu teuflisch durch Wiederholung des „bin ich's"; und eine wahre Mordlust spricht daraus, wenn in dem Satze: „Welchen ich küssen werde, der ist's, den greifet", das „der" zweimal, gesteigert ausgesprochen wird. — Wie weit eine derartige Auffassung des Judas-Charakters in den Evangelien begründet ist, wird sich nicht leicht entscheiden lassen; auf jeden Fall ist Schützens Bild von Judas das der Tradition, und diese kann immerhin auf Worte hinweisen, wie: „Es war aber der Satanas gefahren in den Judas, genannt Ischarioth."

Selbst derjenigen Person hat Schütz eine im Vergleich zu den anderen eigenartige Ausdrucksweise zu geben gewußt, die bei dem Evangelium ziemlich in den Hintergrund tritt, dem Pilatus. Bei Matthäus erscheint derselbe als ein tieferen Regungen nicht unzugänglicher, aber schwacher Mensch. Dem entspricht das Colorit, welches Schütz durchweg der Rede desselben gegeben hat. Er läßt ihn, anders als bei Bach und in der Lucas-Passion, in der Tenorlage singen, die an sich etwas Weiches hat. Von der Petruspartie aber unterscheidet sich die Rede des Pilatus stark dadurch, daß ihr die schärferen Accente fehlen; er singt in einer nahezu weichlichen Cantilene. Selbst die Stelle, wo die Worte ein gewisses sittliches Pathos auszudrücken scheinen: „Ich bin unschuldig an dem Blute dieses Gerechten, sehet ihr zu", ist ohne jede wirkliche Energie des Ausdruckes. Nicht als einer, der mit sittlichem Ernste dem Volke sein Verschulden zuwirft, redet er, sondern mit wehmütiger Weichlichkeit. Für die lebendige Plastik, mit welcher Schütz die Personen, deren Worten er die entsprechenden Töne verleihen wollte, vor dem inneren Auge standen, zeugt es, daß, wo Pilatus ganz zum Schlusse des Werkes noch einmal auftritt mit den Worten: „Da habet ihr die Hüter, gehet hin und verwahret es, wie ihr wisset", in seinem Gesange derselbe weiche, man möchte sagen, sentimentale Ausdruck sich findet, der alle seine Worte auszeichnet.

Schützens Fähigkeit zu individualisieren zeigt sich sogar da, wo Personen nur einmal mit wenigen Worten auftreten. Wie verschieden sind die beiden Mägde in der Petrus=Scene charakterisiert; viel aggressiver klingt die Rede der ersten, welche sich an Petrus direct wendet, als die der zweiten, die nur über Petrus zu den Umstehenden spricht. Wie träumerisch ahnungsvoll klingt die Rede von Pilati Weib, das im Alt singt. Man halte dagegen den allgemeinen Ausdruck der Stelle bei Bach in der hohen Stimmlage, und man wird empfinden, daß selbst in diesen wenigen Worten die Eigenart des Dramatikers der des Kirchencomponisten gegenüber hervortritt.

Um die ganze Größe der dramatischen Begabung von Schütz zu würdigen, muß man sich gegenwärtig halten, daß die beschriebene Charakteristik der Personen in der Matthäus=Passion durch keine anderen Mittel als die der verschiedenen Stimmlage und Tonfolge erreicht ist, weder durch den Rhythmus noch durch die Harmonie; hat doch Schütz die Soli nur mit Bezeichnung des Endes der einzelnen Phrasen in den gleichen Choralnoten und ohne jede Begleitung geschrieben. Die charakteristischen Gestalten, die er geschaffen, vergleichen sich mit Zeichnungen, die ein Meister in wenigen Zügen mit Feder oder Kohle hinwarf, und deren lebendige Eigentümlichkeit uns sprechend entgegentritt, ob sie gleich der Ausführung und des Glanzes der Farben entbehren. — In der Beschränkung der Mittel zeigt sich, wie mir scheint, der Genius der realistisch=dramatischen Kunst Schützens auf das überzeugendste.

7. Der Evangelist in der Matthäus-Passion.

Der gesteigerten Lebendigkeit und Schärfe des Ausdruckes in den dramatischen Partieen der Matthäus-Passion entsprechen die Äußerungen in der verbindenden Erzählung des Evangelisten. Jene Fähigkeit des Meisters, sich in die verschiedenartigsten Situationen hineinzuversetzen, den verschiedenartigsten Personen nachzuempfinden, zeigt sich hier im eminenten Maße; man wird sagen dürfen, Schütz lasse in dem Drama, das er vorführt, Decoration und Action ersetzen durch die Declamation des Evangelisten. Ich habe lange gemeint, die eigentümliche Art des Evangelisten der Schütz'schen Matthäus-Passion erkläre sich nicht blos aus der Eigenart des Meisters, die in den dramatischen Reden sich offenbart, sondern fordere auch die Annahme eines subjectiven Elementes: die Empfindungen des Evangelisten seien die des gläubigen Christen. Aber nach genauer Erwägung der fraglichen Stellen bin ich doch schließlich zu der Überzeugung gekommen, daß hier wie dort der Componist sich mit erstaunlicher Accommodationskraft an den ihm vorliegenden Stoff anschmiegt mit Hintansetzung seiner subjectiven Empfindungen. Wo aus gewissen Stellen das Empfinden des gläubigen Christen hervortritt, sind es solche, in denen sich eben der Evangelist, den Schütz interpretiert, als gläubiger Christ äußert. Nirgends findet sich die Eigenart des Textes durch fremde Empfindungen verdunkelt, nirgends werden die Einzelheiten des mannigfaltigen Lebens, das sich in der Leidensgeschichte darstellt, aufgenommen in die Allgemeinheit eines religiös-kirchlichen Gefühles. Und so gilt vom Evangelisten der Schütz'schen Matthäus-Passion, daß er dem in Bach's Werke so ungleichartig ist, wie die anderen Teile der beiden Werke einander sind. Bei Bach herrscht, wie in den dramatischen Chören und Einzelgesängen, so in den Recitativen des Evangelisten, die wie die der andern Personen durchaus melodisch und nicht declamatorisch sind, sein inniges kirchliches Allgemeingefühl; bei Schütz überall das Streben, die von dem Evangelisten geschilderten Begebenheiten und Verhältnisse dem Hörer mit plastischer Kraft vorzuführen. Dem entsprechend ist die Partie des Evangelisten bei Schütz unendlich viel mannigfaltiger und farbenreicher als die bei Bach; sie gehört zu den dankbarsten, die ein Sänger sich wünschen kann und dazu, was die Stimmlage betrifft, die nie über F hinausgeht, zu den bequemsten. Aber freilich, sie erfordert Sänger, die zu declamieren verstehen und dabei Künstler genug sind, um nicht mit äußeren Effectmitteln glänzen zu wollen und auch dem scheinbar Geringsten größeste Sorgfalt und liebende Aufmerksamkeit zuzuwenden.

Die charakterisierte Eigentümlichkeit des Evangelisten zeigt sich in erster Linie in den Wendungen, mit welchen die redenden Personen und Personengruppen eingeführt werden. In denselben wird fast überall die Stimmung zum Ausdruck gebracht, aus welcher die nachfolgenden Worte gesprochen sind. Es konnte diese Eigentümlichkeit schon in der Johannes-Passion beobachtet werden; aber soweit die Reden der Matthäus-Passion an Mannigfaltigkeit des Ausdrucks die bei Johannes übertreffen, soweit auch die anführenden Worte des Evangelisten die johanneischen Parallelen. Es ist in der That staunenswert, welch verschiedenen Ausdruck Schütz in die einander so ähnlichen Anführungsformeln hineinlegen kann. Ärger drückt er aus vor dem Chore: „Wozu dienet dieser Unrat", verweisende Milde bei Jesu Antwort: „Was bekümmert ihr das Weib", tiefen Schmerz bei Jesu Wort: „Wahrlich, ich sage euch, einer unter euch wird mich verraten", Frechheit bei des Judas Antwort: „Bin ich's Rabbi", schmerzliche Milde bei Jesu Erwiderung: „Du sagest es", Leichtsinn bei des Petrus Beteuerungen: „Wenn sich auch alle an dir ärgerten" u. s. w., warnenden Ernst bei Jesu Antwort, Feierlichkeit bei Jesu Gebet in Gethsemane, Angst bei dessen Wiederholung, stolze Würde, als er dem Verräter entgegentritt, Aufgeregtheit bei des Petrus Verleugnungen, Hochmut bei des Kaiphas Reden, Verzweiselung bei Judas letztem Worte, träumerisches Sinnen bei Einführung von Pilati Weib, höchste Qual bei dem „Eli, Eli", schmerzliche Ergriffenheit bei der Bemerkung: „Der rufet den Elias", Gleichgültigkeit bei der Erwiderung: „Halt, laß sehen, ob Elias komme" u. s. w. Daß es daneben eine Reihe von Wendungen giebt, in denen sich keine besondere Empfindung ausspricht, ist bei der großen Menge der von dem Evangelisten angeführten Worte nicht zu verwundern und ändert nichts an dem Urteile, daß Schütz eine eminente Kraft des Ausdrucks in diesen Einleitungsphrasen beweist.

Nicht minder zeigt sich seine eigenartige Kunst in den beschreibenden Partieen des Evangelisten. Man glaubt das Beschriebene vor sich zu sehen, so eigentümlich plastisch ist der Schütz'sche Ausdruck.

Die Erzählung von der Salbung Jesu in Bethanien wird zu den Worten: „Da nun Jesus war zu Bethanien, im Hause Simonis des

Aussätzigen, trat zu ihm ein Weib, das hatte ein Glas mit köstlichem Wasser", mit einer ganz einfachen psalmodischen Weise eingeleitet, die fast nur mit den Noten b und g wechselt. Aber bei der Wendung „und goß es auf sein Haupt" blüht plötzlich aus der eintönigen Declamation die innigste Cantilene hervor. Man meint das Weib zu sehen, wie es schüchtern und zögernd von hinten an Jesus herantritt und dann, in plötzlicher Überwindung ihrer Schüchternheit durch den nicht mehr zurückzuhaltenden Drang ihrer Liebe, dem Meister ihre Gabe opfert.

Die Verwendung einer ähnlichen psalmodischen Declamation bei der Einsetzung des Abendmahls hat offenbar den Zweck, den Hörer in die erhabene religiöse Feier dieser Stunde zu versetzen. Dieser Zweck wird heute noch voll erreicht bei denen, die an ein psalmodisches Singen der kirchlichen Abendmahlsliturgie gewöhnt sind. Aber auch ohne das kann ein tiefer Eindruck nicht ausbleiben, wenn jene inhaltsschweren Worte Jesu von dem Evangelisten in einer jedes andere Gefühl als das einer unbestimmten Feierlichkeit ausschließenden Weise eingeleitet werden.

Voll der ergreifendsten Züge ist die Gethsemane-Scene. Jesu lautes Trauern und das stille Zagen seiner Seele bringt der Evangelist anschaulich zum Ausdruck. In einer, jener grandiosen Stelle aus der Lucas-Passion: „Ihr Berge fallet über uns", verwandten Wendung malt er dann, wie Jesus zum ersten Male beim Gebet niederfällt auf sein Angesicht und alsobald doch wieder seine Hände emporhebt zu seinem Vater. Und neben dem unter Gebet und Thränen wachenden Jesus sieht man die Jünger in sorglosem Schlaf dahingestreckt.

Stark an die entsprechende Stelle der Johannes-Passion erinnert die Darstellung von Petri Gegenwehr bei Jesu Verhaftung, indem in vier Sätzen, von denen einer den andern immer um einen Ton übersteigt, gemalt wird, wie der Apostel nach dem Schwerte greift, es herauszieht, damit losschlägt und, nach einem vergeblichen Schlage höher zielend, dem Malchus das Ohr abhaut.

In der Gerichtsscene im Palast des Hohenpriesters betont Matthäus gegenüber dem falschen Zeugnis, das man gegen Jesus herbeigebracht, besonders angelegentlich, daß es unmöglich gewesen sei, gegen ihn etwas Stichhaltiges vorzubringen: „und fanden keines, und wie wohl viel falscher Zeugen hinzutraten, fanden sie doch keines." Die

Angelegentlichkeit, die in der Wiederholung dieser Versicherung ausgedrückt ist, bringt Schütz durch eine ungemein rührende Declamation dieser Worte zum Ausdruck, als ob er sagen wollte: „Wie war es denn auch möglich gegen diesen Unschuldigen etwas vorzubringen, das der Strafe wert gewesen wäre."

Wie in der Bach'schen Matthäus-Passion gehört auch bei Schütz die Erzählung von Petri Verleugnung zu den ergreifendsten Partieen des ganzen Werkes. Aber wie verschieden sind doch beide. Höchst eigenartig und echt Schützisch ist gleich der Eingang. Nachdem die Gerichtsverhandlung mit dem wilden Chore: „Weissage uns Christe" in A-dur, modern ausgedrückt, geschlossen, setzt der Evangelist mit den Worten: „Petrus aber saß draußen im Palast" ganz mild und freundlich auf f ein: Eine neue Scene mit veränderter Decoration beginnt, aus der leidenschaftlich erregten Versammlung drinnen im Palast tritt man in die stille Nacht hinaus, auf den Hof, wo eine Gruppe von Menschen zunächst noch ganz ruhig um das Feuer sitzt. Von der sich nun anspinnenden Wechselrede mit den charakteristischen Worten des Evangelisten dazwischen ist bereits gesprochen. Nach des Petrus letzter Verleugnung deuten dann die Worte: „und alsobald krähete der Hahn", wie bei Lucas und Johannes, das Krähen an. Dann erfolgt der Hinweis auf Jesu Weissagung: „ehe der Hahn krähen wird, wirst du mich dreimal verleugnen." Was Jesus in ernst warnendem Tone gesprochen hat, läßt Schütz jetzt mit dem Ausdruck laut werden, mit dem es in des gefallenen Jüngers Seele wiederklingt: Ein mild schmerzlicher Vorwurf, daß er trotz seiner Mahnung, ihn preisgegeben und dadurch sein Leiden noch schmerzlicher gemacht habe. Offenbar schwebte Schütz der Bericht des Lucas vor, nach welchem Jesus den Petrus nach der Verleugnung angeschaut hat. Diesem Empfinden entspricht nun auch der Ausdruck der Beschreibung von des Petrus Reue. Kein unbändiger Schmerz wird dargestellt; anstatt daß die Stimme jammernd in die Höhe steigt, senkt sie sich in schmerzlichem Zucken hinab bis zum tiefen d, ein ergreifender Ausdruck der Reue, die geheiligt ist durch die nicht erloschene Liebe zum Meister, in Kraft deren es ein Aufstehen von diesem Falle geben wird.

Von erschütternder Wahrheit ist die Composition der Judas-Episode; die Reue sowie der Selbstmord des Verräters wird aufs lebendigste dargestellt. Eigentümlich friedlich klingt in die herben Gänge die Declamation der auf den Blutacker bezüglichen Worte „zum Begräbnis der Pilgrim" hinein, und wie eine ergreifende Bußpredigt das Wort des Propheten von dem Töpfersacker.

Malerisch ist es, wie nach der Verurteilung durch Pilatus des Geißelns gedacht wird und der durch eine kreuzartige Figur angedeuteten Kreuzigung. Was dann die Kriegsknechte mit Jesus thun, sieht man vor seinen Augen sich abspielen: wie Jesu die Kleider ausgezogen und der Purpur angethan wird, das Flechten der Dornenkrone, das Aufsetzen derselben, das Reichen des Rohrs, die Kniebeugung, die Verspeiung, die Entkleidung. Nachdem Jesus nach Golgatha gebracht ist, berichtet die Geschichte: „Sie gaben ihm Essig zu trinken mit Gallen vermischt, und da er's schmeckete, wollte er es nicht trinken." Zu diesen Worten hat Schütz einen Tonfall gefunden, der offenbar die Bitterkeit der Galle ausdrücken soll; und mehr noch: bei den Worten „und da er's schmeckete" steigt die Stimme plötzlich bis zum hohen es, um dann mit einem tieftraurigen Ausdrucke wieder hinabzusinken. Sieht man da nicht Jesus plötzlich bei dem bitteren Geschmack der Galle aufzucken und dann mit traurigem Kopfschütteln den Trank abweisen? Daß Schütz für die Beschreibung der Naturereignisse bei Jesu Tode, der Finsternis, des Erdbebens, des Zerreißens des Vorhanges, der Spaltung der Gräber die richtigen Farben hat, läßt sich denken; sind das doch Momente, die zur Illustrierung durch Töne geradezu auffordern. Aber auch hier zeigt sich Schütz in seiner Eigenart auf eine zuerst geradezu frappierende Weise. Nachdem der entschlafenen Heiligen mit einer friedlich sanften Wendung Erwähnung geschehen ist, ersteht zu den Worten: „und gingen aus den Gräbern nach seiner Auferstehung und kamen in die heilige Statt und erschienen vielen" ein Bild von echt Schütz'schem Realismus. Nicht blos wird das Emporsteigen der Entschlafenen aus den Gräbern nach Jerusalem hin anschaulich gemacht, sondern wenn zuletzt die Stimme in der höchsten Höhe singt „und erschienen vielen", so wird dadurch auch der Eindruck des jähen Entsetzens geschildert, den diese Erscheinungen der Toten bei den Lebenden hervorgebracht haben. Es tritt in dieser Darstellung Schützens Eigenart, sich völlig in den geschilderten Vorgang hineinzuversetzen und denselben bis in seine Einzelheiten zu durchleben, überraschend zu Tage.

Ein Stück voll zartester Poesie ist das Recitativ des Evangelisten über Jesu Begräbnis. Fast durchgehend ruht die Declamation auf f; nach den herben Wendungen der vorangegangenen unruhigen Declamation wirkt diese Tonlage wie stiller Abendfrieden nach einem leidenschaftlich bewegten Tage. Mit wahrhaft weiblicher Zartheit wird von den Liebeserweisungen berichtet, die der Leiche dessen zuteil wurden, den im Leben Hohn und Tod getroffen. Wie rührend ist der Ausdruck bei den auf die Weiber bezüglichen Worten: „und hatten ihm gedienet", und den dem Josef von Arimathia geltenden: „welcher auch ein Jünger Jesu war" — „in sein eigen neu Grab" — „man sollt ihm ihn geben". Alle Leidenschaft, alle Bitterkeit des Schmerzes ist geschwunden und geblieben die lautere Liebe. Man sieht kaum den Josef den Leib in Leinen wickeln, den Stein vor das Grab wälzen und schließlich zögernd mit sehnsuchtskrankem Herzen das Grab verlassen. Die Weiber aber können sich nicht trennen und setzen sich gegen das Grab, von der Liebe erfüllt, die selbst im Tode Leben hoffen muß.

8. Die betrachtenden Chöre der Matthäus-Passion.

Das dramatische Leben und die realistische Kraft der Matthäus-Passion verbunden mit dem Ausdruck innigsten, subjectiven Empfindens findet sich in dem Schlußchore mit sicherem Griffe noch einmal zusammengefaßt. Was der Evangelist selbst nicht erzählt, den eigentlichen Abschluß der Leidensgeschichte, Jesu Auferstehung, deuten die ersten Tacte des Chores auf den Text „Ehre sei dir Christe" an. Während die Oberstimmen auf das Wort „Christe" ausgehaltene Töne haben, steigen die Männerstimmen in majestätischem Gange aus der Tiefe bis zum hohen d hinan: aus dem Dunkel des Grabes steigt denen zum Spott, die soeben den Stein versiegelt haben, der Herr empor zum Throne der Ehren — ein Ausdruck von echt Schütz'scher Plastik. Die Worte: „der du littest Not an dem Stamm des Kreuzes für uns den bittern Tod", bringen noch einmal das Bild des Leidens, wie er es gezeichnet, mit allem dem herben Realismus, zur Darstellung. Dem tritt gegenüber mit den dreimal einhellig declamierten Worten: „und herrschest mit dem Vater dort in Ewigkeit", das groß und kühn entworfene Bild von Jesu königlicher Herrlichkeit. Zu dem heroischen Ausdruck dieser Stelle tritt in einen unbeschreiblich ergreifenden Gegensatz die Wendung: „hilf uns armen Sündern zu der

Seligkeit". Die Terzengänge der nach einander singenden Frauen- und Männerstimmen haben hinter der vorangegangenen Stelle mit der stolzen, selbstbewußten Haltung den Charakter der größten Demut und Hilfsbedürftigkeit. Aber dieser Ausdruck entwickelt sich immer mehr zu tiefster Inbrunst, die bei den Worten „Christe eleison" geradezu schwärmerisch ekstatisch wird, um dann wieder zu einem gemäßigten Schluß hinabzusinken.

Man vergleiche diesen Chor in seinem knappen, kraftvollen Ausdrucke, in seinen starken, schnell wechselnden Gegensätzen mit dem lind und gleichmäßig dahinströmenden Schlußchor der Johannes-Passion, und es wird keines Wortes weiter bedürfen zum Beweise, daß derselbe der richtige, künstlerisch notwendige Abschluß der Matthäus-Passion ist. Dasselbe aber gilt von dem zuvor schon berührten Eingangschore, der fast nichts anderes bietet als eine langsame, ausdrucksvolle Declamation der bekannten Worte, die sich nur bei dem Worte „beschreibet" zu einer malerischen Darstellung des Schreibens erweitert, freilich mit viel größerer Knappheit als bei Johannes. Daß diese Kürze beabsichtigt und eine künstlerische Notwendigkeit ist, wird nach dem Gesagten klar sein. Wer das aber verstanden hat, auf den wird es keinen Eindruck machen, wenn unverständige Verehrer Bach's mit diesen wenigen Tacten lächelnd den riesigen Chor vergleichen, mit dem Bach sein Werk eingeleitet hat. Daß Schütz sehr große musikalische Formen auszufüllen verstanden hat, weiß ein jeder Kenner seiner Werke, und nicht minder, daß diejenigen die Elemente der Kunst noch nicht begriffen haben, die ein Göthe'sches Lied mit einer Schiller'schen Trilogie vergleichen wollen.

In der That ist Schütz mit der Matthäus-Passion zur ganzen Höhe künstlerischer Vollendung gelangt; die Passion, wie sie von ihm aufgefaßt ist, mochte wohl weiter entwickelt werden können, was die Mannigfaltigkeit der zu verwendenden Mittel betrifft, nicht aber nach Seite der Schärfe des Ausdruckes und der Vollendung der von ihm verwandten Formen. Insofern ist sein Werk geradezu vollkommen zu nennen. Bach's Passionen — das wird aus dem Gesagten erhellen — kann man nur sehr mit Unrecht eine Weiterentwickelung der Schütz'schen Werke nennen, sie liegen auf einem ganz anderen Gebiete. Mit dramatischem Maßstabe gemessen, stehen sie weit hinter Schützens Kunst zurück, mit dem Maßstabe der Kirchenmusik gemessen, sind sie Schütz weit überlegen und das bisher nicht erreichte Muster evangelischer Kirchenmusik. So hat es sein gutes Recht, wenn man gesagt hat: „Schütz ist als Künstler groß genug, um sich neben größeren ohne Schaden sehen lassen zu können. Er hat seine Art und in dieser thut es ihm Keiner gleich."

9. Die Unechtheit der Marcus-Passion.

Die Voraussetzung, daß die betrachteten 4 Werke wirklich Compositionen von Heinrich Schütz seien, ist letzthin durch Ph. Spitta in dem ersten Bande der von ihm besorgten Ausgabe der sämmtlichen Werke von Schütz bezüglich der Marcus-Passion in Frage gestellt. Ich freue mich, meine Untersuchungen nicht in den Druck gegeben zu haben, ohne daß ich zu jenem wichtigen Problem Stellung genommen hätte.

Die Sache liegt folgendermaßen: Eine directe Überlieferung, daß die Marcus-Passion von Schütz sei, haben wir nicht. Die von Johann Zacharias Grundig verfertigte kostbare Handschrift, welche sich auf der Leipziger Stadtbibliothek befindet und die 4 Passionen in der Reihenfolge des Neuen Testamentes enthält, trägt nur auf dem Titelblatt zur Matthäus-Passion den Namen Heinrich Schütz. Damit ist nun freilich nicht gesagt, daß die folgenden drei Passionen nicht von demselben Autor stammen; die gegenteilige Annahme liegt viel näher. Denn 1) macht die besonders reiche Ausstattung des Titelblattes zur Matthäus-Passion den Eindruck, als ob es in gewisser Weise General-Titel für alles folgende sein solle, sodaß die Wiederholung des Namens des Autors überflüssig wäre; 2) wird die Johannes-Passion durch eine auf der Wolfenbütteler Bibliothek befindliche Handschrift geradezu dem Schütz zugeschrieben. Somit scheint die Annahme unmöglich, daß die beiden Werke, welche von sicher dem Schütz angehörenden Compositionen eingeschlossen sind, von dem Abschreiber als von einem anderen Componisten stammend angesehen sein könnten. Dazu kommt, daß, wie die vorhergegangenen Untersuchungen zeigen, die Lucas-Passion so eng mit der nach Matthäus und Johannes zusammengehört, daß der Gedanke gar nicht aufkommen kann, dieselbe gehöre einem anderen Componisten als Schütz an. Wenn aber das, so ist die Ausschließung der Marcus-

Passion von der Schütz'schen Autorschaft auf Grund der Grundig'schen Handschrift unmöglich.

Aber damit ist die Sache nicht abgethan. In dem Lebenslaufe Schützens, welcher der vom Oberhofprediger D. Geyer gehaltenen Leichenrede beigegeben ist, wird erzählt, daß Schütz in seinen letzten Jahren, als er durch Kränklichkeit an anderweitiger Thätigkeit gehindert war, noch immer bedeutende Compositionen, darunter „die Passion nach drei Evangelisten" verfaßt habe. Aus „drei" ohne weiteres „vier" zu machen, wie Riedel thut, geht natürlich nicht an. Desgleichen ist an einen Irrtum des Verfassers hier um so weniger zu denken, als die Zahl drei, statt vier, bei den Evangelisten besonders auffallen und, wenn ein Verschreiben wirklich stattgefunden, leicht corrigiert werden mußte. Welches sind nun aber diese drei Passionen? Sicher gehören dazu die Johannes- und Matthäus-Passion, welche nachweislich aus den Jahren 1665 und 1666 stammen. Als dritte kann aber nur die Lucas-Passion gemeint sein, welche nach obigen Ausführungen nahe mit der Matthäus- und Johannes-Passion sich berührt. Dazu kommt, daß damals in Dresden regelmäßig nur drei Passionen aufgeführt wurden, nämlich am Sonntage Judica die Matthäus-, am Palmsonntage die Lucas-, am Charfreitage die Johannes-Passion. Was hätte bei solcher Sachlage Schütz veranlassen können, eine Marcus-Passion zu componieren?

Aber aus alle dem folgt nicht, daß Schütz überhaupt eine Marcus-Passion nicht geschrieben habe. Denn der Lebenslauf redet an der betreffenden Stelle nur von den letzten Compositionen des Meisters. Und da in den bisherigen Untersuchungen festzustellen versucht ist, daß die Marcus-Passion unter allen Umständen ein Stück für sich bildet und mit den drei anderen nicht aus der gleichen Zeit stammen kann, so würde sich das mit jener Notiz aus dem Lebenslaufe sehr gut so vereinigen lassen, daß man die Marcus-Passion für ein Jugendwerk von Schütz ansähe. Zu eben derselben Ansicht scheinen ja auch, wie oben ausgeführt ist, die Tonart, der Sologesang und der Text des Schlußchores der Marcus-Passion zu führen.

Dagegen glaube ich, daß Ph. Spitta darin Recht hat, daß der Charakter der Marcus-Chöre zu dieser Möglichkeit schlechterdings nicht paßt. Der Unterschied der Marcus-Chöre von denen aus den anderen Passionen liegt nicht blos darin, daß sie im Grunde undramatisch und mehr Kirchenmusik sind, und die moderne Art ihres Ausdrucks nicht blos in der Wahl der ionischen Tonart, die unserm Empfinden näher steht als das Lydische, Phrygische und Dorische der anderen Passionen. Es liegt hier die „in wohlklingenden Formen sich äußernde, erregte, aber empfindsame und ans Weichliche streifende Art" der Musik des ausgehenden 17. Jahrhunderts vor. Schütz schreibt nicht so, und zwar am allerwenigsten in seiner ersten Periode. Überall bis in seine letzten Werke tritt uns sein enger Zusammenhang mit der hinter ihm liegenden Kunstepoche entgegen, wovon sich in den Marcus-Chören nicht die Spur findet; bei aller Tiefe seiner Empfindung hat sein Ausdruck immer etwas herbes und markiges an sich, was man in der Marcus-Passion selbst da nicht findet, wo wilde, finstere Stimmungen zum Ausdrucke gebracht werden sollten. Auch die Behandlung der Stimmen ist eine sehr andere als bei Schütz, die Tonlage eine viel höhere, die Führung der einzelnen Stimmen viel weniger selbständig. Als ein Werk von Schütz sind die Chöre der Marcus-Passion nicht zu begreifen. Unter diesen Umständen wird es dann allerdings bedeutungsvoll, daß ein directes Zeugnis für die Schütz'sche Autorschaft dieser Passion nicht existiert und daß in dem Lebenslaufe nur von drei Passionen die Rede ist; daß, wie Ph. Spitta bemerkt, der Gebrauch der Erhöhungs- und Erniedrigungszeichen in der Marcus-Passion ein anderer ist als bei den übrigen Passionen, und zwar ein solcher, der der späteren Praxis entspricht; und daß die Anordnung der Worte in dem stereotypen Texte des Eingangschores nicht ganz mit der in den übrigen Passionen übereinstimmt.

Ein Problem bleibt es freilich bis jetzt noch, wie die Marcus-Passion in die Grundig'sche Handschrift hineingeraten ist. Doch die hier in Frage kommenden Möglichkeiten zu erwägen, liegt nicht in meiner Aufgabe. Gar nicht schwierig dagegen ist die Erscheinung zu erklären, daß die Marcus-Passion im Sologesang, Tonart und Text des Schlußchors sich mehr wie die anderen Passionen an die altkirchliche Form anlehnt, da dieses sich noch in Passionen des 18. Jahrhunderts findet.

So viel ist gewiß: Bei der Annahme der Unechtheit der Marcus-Passion wird aus dem Bilde von Schütz nur ein fremder Zug ausgemerzt, mithin seine Künstlererscheinung in ihrer Einheitlichkeit und kraftvollen Männlichkeit nur in ein helleres Licht gestellt

10. Grundsätze für Bearbeitung und Aufführung der Passionen.

Je entschiedener das Urteil abgegeben werden muß, daß die Passionen von Schütz ihren unvergänglichen, eigenartigen Wert haben und durch kein anderes Werk auf diesem Gebiete ersetzt werden können, um so mehr wird man eine Antwort suchen müssen auf die Frage, was denn zu geschehen habe, um dieselben für die größere Gemeinde der Kunstfreunde und nicht blos für einige wenige Fachmänner wieder lebendig zu machen. Das wird nie und nimmer durch theoretische Erörterungen über den musikalischen Wert derselben, sondern nur durch Aufführungen erreicht werden. Und so wird die oben gestellte Frage sich näher so fassen lassen: Was muß geschehen, damit Aufführungen dieser Werke ermöglicht werden, und zwar solche Aufführungen, durch welche vor allem die Eigenart und unvergängliche Schönheit der Schütz'schen Kunst und nicht etwa das von unserer Praxis Abweichende und deshalb dem Geschlecht unserer Tage mehr absonderlich als schön Erscheinende ins Licht gestellt wird.

Die erste Vorbedingung dazu ist eine Herausgabe der Passionen in ihrer Originalgestalt. Bis jetzt waren dieselben nur handschriftlich vorhanden, und zwar die Johannes-Passion allein in der Wolfenbütteler Bibliothek, während die Leipziger Stadtbibliothek eine durch den Cantor Grundig verfertigte Abschrift der vier Passionen besitzt. Wie bereits oben bemerkt, hat die Herausgabe der Schütz'schen Werke in dem Jubiläumsjahre bereits begonnen, und zwar sind in dem ersten Bande dieser von Ph. Spitta besorgten, bei Breitkopf und Härtel herausgekommenen Ausgabe die vier Passionen mit einigen verwandten Werken erschienen.

Aber die Eigenart der Niederschrift dieser Werke macht es wünschenswert, daß auf Grund der Originalgestalt Bearbeitungen zum Zwecke der Aufführung erscheinen. Wie oben bereits bemerkt, fehlt jede Begleitung; dazu sind die Sologesänge in der Weise des alten Choralgesanges geschrieben. Das allein macht eine Bearbeitung dieser Werke notwendig, und vielleicht kommt noch das eine oder andere hinzu.

Es ist nun in der That bereits auf Grund der genannten Manuscripte eine Bearbeitung der Passionen zum Zwecke der Aufführung erschienen und zwar im Jahre 1870 von Carl Riedel in Leipzig unter dem Titel: „Historia des Leidens und Sterbens unsers Herrn und Heilandes Jesu Christi. Chöre und Recitative aus den vier Passionen von Heinrich Schütz, zusammengestellt, für den öffentlichen Vortrag in geistlichen Concerten, Kirchenmusiken sowie in häuslichen Kreisen eingerichtet, beziehentlich mit Orgelbegleitung versehen". Diese Bearbeitung ist seither nicht blos im Riedel'schen Vereine in Leipzig, sondern in fast allen größeren und manchen kleineren Orten Deutschlands zur Aufführung gekommen und hat überall großen Beifall gefunden. Ja, man darf wohl sagen, daß, was sich in weiteren Kreisen an Kenntnis der Schütz'schen Musik und an Liebhaberei für dieselbe findet, wesentlich auf Riedel's Bemühungen für die Wiederbelebung dieses Meisters zurückzuführen ist, wie denn auch ich selbst auf diesem Wege zu einem eingehenderen Studium von Schütz gekommen bin. Dieses Verdienst Riedel's ist ein so großes, daß es nicht umgestoßen wird, wenn sich herausstellen sollte, daß der Weg, den er zur Wiederbelebung der Schütz'schen Passionen eingeschlagen hat, in vieler Hinsicht nicht zu billigen ist.

Ich bin nun allerdings dieser Ansicht und glaube, daß man jenen Weg durchaus verlassen muß. Es ist mir hier aber nicht zu thun um eine wohlfeile Polemik gegen jenen verdienten Musiker; dagegen wird mich, so hoffe ich, meine Dankbarkeit gegen ihn schützen. Wohl aber bin ich es Schütz selbst schuldig, daß ich nicht verschweige, was sich als einfache Consequenz meiner oben dargestellten Anschauung von den vier Passionen für die Riedel'sche Bearbeitung ergiebt.

Das Eigentümliche der Riedel'schen Bearbeitung liegt darin, daß er nicht die einzelnen vier Passionen für die Concertaufführung hergerichtet, sondern daß er alle vier in ein Werk verarbeitet hat. Über die Motive, die ihn zu dieser Arbeit getrieben, und über die Art, in welcher er dieselbe ausgeführt hat, äußert er sich in seiner Ausgabe so: „So sehr es musikhistorisch interessant wäre, eine der Schütz'schen Passionen in ihrer ursprünglichen Gestalt wiederzugeben, so dürfte doch die Geduld von Zuhörern der Gegenwart dadurch gar zu sehr in Anspruch genommen werden. So schön und für alle Zeit wirksam auch eine große Anzahl der Recitative ist, so beschränken sich doch die meisten derselben auf durchgängiges Psalmodieren; nur an einzelnen Stellen (so in der Matthäus- und Johannes-Passion) findet sich Ausschmückung. Dagegen sind die Psalmodieen einer ganzen Schütz'schen Passion ermüdend und besonders in der nach Marcus, wo die Chöre am lebendigsten sind, für unsere Zeit kaum erträglich. Da nun außer den Schlußchören der vier Passionen die anderen zur Einzelwiedergabe ungeeignet sind, während sie im hohen Grade zur Darstellung reizen und durch Wahrheit des Ausdrucks und Schönheit der Form entzücken, erschien es am passendsten, die schönsten Chöre aus den vier Passionen von Schütz auszuwählen und (an sich unverändert, nur zuweilen transponiert) nach dem Faden der Erzählung in Reihenfolge zu bringen, sowie die dahin gehörigen Psalmodieen (sämmtlich von Heinrich Schütz selbst), nach Erfordernis ebenfalls transponiert, einzufügen. Letztere, in Schütz' Original ohne rhythmische Einteilung im einzelnen (nur die Phrasen sind abgeteilt) und ohne Begleitung, ja ohne Fundamentalbaß gesetzt, wurden zum Zwecke der jetzigen Vorführung nach dem Schütz'schen Original-Vorbild in seinem Werk „Sieben Worte" in feste Recitativ-Gestalt gebracht und mit Orgelbegleitung versehen. Nach Befinden kann auch bei den Chören Orgelbegleitung hinzugefügt werden."

Was Riedel also zu dieser Zusammenarbeitung der vier Passionen bestimmt hat, ist die Beschaffenheit der Sologesänge. Aber schon das ist unrichtig, daß die meisten derselben sich auf durchgängiges Psalmodieren beschränken und nur an einzelnen Stellen in der Matthäus- und Johannes-Passion sich „Ausschmückung" finde. Im Gegenteil, bei Matthäus und Johannes ist der Choralton principiell verlassen, und nur an einzelnen Stellen findet sich, zum Teil von Schütz beabsichtigt zur Hervorbringung eines besonderen Ausdrucks, eine Anlehnung an die altkirchliche Recitation; und auch bei Lucas ist eigentlich nur für den Evangelisten der Choralton beibehalten. Bei Marcus allerdings hat Riedel vollständig recht. — Was würde aber aus dieser Thatsache für den Bearbeiter folgen? Ich meine nichts anderes, als daß der Sologesang bei Lucas stark, bei Johannes und Matthäus vielleicht hier und da zu kürzen sei, daß man aber bei Marcus, wie die Dinge nun einmal liegen, auf eine Aufführung überhaupt zu verzichten habe, was um so eher zu verschmerzen sein wird, wenn man es hier gar nicht mit einem Werke von Schütz zu thun hat.

Bei diesem Urteile aber wird die Grunddifferenz zwischen Riedel und mir zu Tage kommen. Riedel giebt den Marcus-Chören das Prädicat, daß sie die lebendigsten seien, und wenn er die von ihm getroffene Auswahl aus den Chören der vier Passionen eine Auswahl „der schönsten Chöre" nennt, so wird man beim Blick auf die oben bereits erwähnte Thatsache, daß er von 15 Chören aus Marcus 11, von 16 aus Lucas 2, von der gleichen Zahl aus Johannes 7, von 22 aus Matthäus 4 auswählt, den Schluß machen dürfen, daß ihm die Marcus-Chöre überhaupt als die schönsten erschienen seien. Dann aber wird es sich begreifen, daß ihm der Gedanke an eine Zurückstellung der Marcus-Passion als für unsere Zeit nicht mehr aufführbar besonders peinlich gewesen ist. Er hat deshalb die Marcus-Chöre zu retten versucht dadurch, daß er sie unter einander verband durch die lebendigen Sologesänge der anderen Passionen, besonders der nach Matthäus. Bei der Gelegenheit aber hat er noch einige andere Stücke aus den drei späteren Passionen hinzugefügt und dadurch das Ganze einem modernen Concertstücke mit bunter Abwechselung von Soli und Chören, dramatischen und betrachtenden, nahe zu bringen versucht.

Wie sich aber in dieser Überschätzung der Marcus-Chöre eine Verkennung des künstlerischen Wertes der einzelnen Passionen und der Eigenart Schützens zeigt, so noch mehr darin, daß Riedel überhaupt eine Zusammenarbeitung dieser vier verschiedenen Werke gewagt hat. Schon ganz im allgemeinen muß es als höchst bedenklich erscheinen, vier ganz selbständig neben einander stehende Kunstwerke zu einem zu verschmelzen. Wo es sich um Werke von der einfachsten Form und völliger Stilgleichheit handelt, da mag so etwas denkbar sein. So würde es z. B. kaum Bedenken erregen, wollte jemand die Matthäus- und Johannes-Passion von Mancinus zu einem Werke verschmelzen. Wer dagegen würde es erträglich finden, wollte jemand die beiden gleichen Passionen von Bach combinieren? — abgesehen davon, daß ja wegen der Ausdehnung und Mannigfaltigkeit dieser Werke keiner auf diesen Einfall geraten wird. Und doch wird man sagen dürfen, eine Combination dieser beiden Werke liegt dem Bereiche künstlerischer Möglichkeit noch näher als eine Combination der vier Passionen von Schütz. Es ist oben nachzuweisen versucht, daß die Bach'schen Passionen durchaus subjectiv sind; das allgemeine kirchliche Gefühl ihres Schöpfers durchdringt dieselben gleichmäßig, die dramatischen Gegensätze und Verschiedenheiten der evangelischen Darstellungsweise ausgleichend. Gerade umgekehrt bei Schütz, dessen Stärke darin liegt, die dramatische Situation in ihrer nackten Realität darzustellen, und der für die Verschiedenheit der Empfindungs- und Darstellungsweise der einzelnen Evangelisten je ein besonderes Toncolorit hat. Hierin zeigt sich der Genius von Schütz am imponierendsten und eben dieses geht in der Riedel'schen Bearbeitung verloren. An Stelle der scharf gezeichneten Bilder, welche uns seine drei Passionen bieten, giebt Riedel ein Musikstück, in dem ohne jede Vermittelung und innere Begründung die verschiedenartigsten Musikfarben neben einander spielen: ionische, lydische, phrygische, dorische Sätze. Dicht neben einander steht eine charakteristische declamatorische Wendung aus Matthäus und ein durchaus undeclamatorischer, melodischer Chor aus Marcus. Die Schlußchöre, in denen sich die Eigenart der betreffenden Passionen noch einmal kurz und mit schärfstem Ausdrucke zusammengefaßt findet, sind durch das ganze Werk zerstreut, und nicht ein einziger, selbst nicht der aus Matthäus findet sich in dem Zusammenhange, in dem er ursprünglich gestanden.

Dazu kommt noch ein Bedenken hinsichtlich der Begleitung, in der sich moderne, Schütz ganz fremde Harmonieen finden, und die schon in Folge der Transpositionen, welche die Combination der in den verschiedenen Kirchentonarten geschriebenen Passionen nötig machte, ein Innehalten des alten Tonsystems durchaus vermissen läßt. Bei aller Dankbarkeit, die ich Riedel zolle für das, was er zur Neubelebung von Schütz gethan hat, muß ich doch gegenüber seiner Bearbeitung der vier Passionen sagen: Eine Bearbeitung der Werke von Schütz zum Gebrauch im Gottesdienste oder in Concerten mag immerhin dieses oder jenes beseitigen, was ein Verständnis seines Genius in unserer, von der seinigen so vielfach verschiedenen Zeit erschwert oder unmöglich macht; hier mag gern neben dem Musikhistoriker der Praktiker ein Wort sprechen. Aber wie ein Heiligtum ist zu wahren, was seiner Kunst und seinen Werken charakteristisch ist.

Und da gilt in erster Linie, daß die Eigenart der vier Werke eine Verschmelzung derselben schlechterdings nicht erlaubt. Sind nun aber die Sologesänge der Marcus-Passion für unsere Zeit nicht mehr erträglich, so folgt daraus, daß von einer Aufführung dieses apokryphen Werkes überhaupt Abstand zu nehmen ist. Kann aber das oben abgegebene Urteil über diese Passion für richtig gelten, so ist ihr Verlust als Concertstück am ersten zu verschmerzen. Man wird vielleicht in Künstlerkreisen oder in Gesangvereinen, die nicht blos für Concerte üben, des historischen Interesses wegen die Marcus-Chöre einmal singen und sich an ihrer tadellosen Form erfreuen, den Schlußchor auch wohl in Kirchenconcerten und musikalischen Gottesdiensten zur Aufführung bringen. Im übrigen muß man sich mit dem Gedanken zu versöhnen suchen, daß bei unserer gottesdienstlichen Praxis und Gewöhnung die Wiederbelebung der Marcus-Passion eine Unmöglichkeit ist.

Anders steht es mit Johannes und Matthäus, aber auch mit Lucas. Bei letzterem wird man allerdings die Worte des Evangelisten sehr kürzen müssen, da sie sich kaum über das Niveau des Choralgesanges erheben. Auch bei Matthäus und Johannes werden einige Auslassungen, so sehr man das vom theoretischen Standpunkte aus bedauern mag, den Eindruck, den die übrigen Stellen machen können, vergrößern. So würde ich bei Johannes die ziemlich pointelose Petrus-Episode tilgen, bei Matthäus vielleicht die freilich an sich sehr großartige, aber für den Fortgang der Handlung doch entbehrliche Partie über das Ende des Verräters. Kürzen ließe sich auch die Scene der Gefangennehmung, der Eingang der Verhandlung vor Pilatus, das lange Recitativ, das die Kreuzigung beschreibt.

Wie schon bemerkt, fehlt in sämmtlichen vier Passionen jede Instrumentalbegleitung. Es ist nicht anzunehmen, daß Schütz die Absicht gehabt habe, seine Werke mit Instrumentalbegleitung zu versehen, an der Ausführung aber gehindert sei. Vielmehr zeigt die Notierung der Sologesänge vollständig in der Weise des alten Choralgesanges, daß sich Schütz die Aufführung seiner Passionen ganz in der Weise der Werke gedacht hat, an die er sie auch sonst in der Form so eng angeschlossen hat, der alten choralischen Passionen, wie der oben genannten von Mancinus. Einer Aufführung in dieser Art in unseren Tagen stehen nicht geringe Hindernisse im Wege. Zunächst dürfte die Schwierigkeit der Aufführung, besonders in den melodisch so sehr bewegten Recitativen der Matthäus-Passion, sehr groß sein. Ferner aber würde für uns der Genuß der Schütz'schen Musik in einer Weise beeinträchtigt werden, wie es Schütz für seine an den Vortrag der choralischen Passion gewöhnten Zeitgenossen nicht zu fürchten brauchte. Die dramatische Kraft der Schütz'schen Compositionen mußte dem Geschlechte, dem der eintönige, unbegleitete Choralgesang etwas gewohntes war, mit unwiderstehlicher Gewalt entgegentreten. Umgekehrt zu unserer Zeit, in der der Chorgesang a capella schon etwas ungewöhnliches ist und wo man das a capella gesungene Solo kaum kennt. Unter so verschiedenen Voraussetzungen bezüglich der Hörer würde die Schönheit der unbegleiteten Schütz'schen Musik vielleicht nur wenigen zum vollen Bewußtsein kommen. Trotzdem muß der Versuch, die Passionen ganz in der Originalgestalt aufzuführen, gemacht werden; es könnten sich dabei möglicherweise ungeahnte Effecte ergeben. Aber auf jeden Fall heißt es nicht, Schütz verdrängen oder verdecken, sondern ihn ans Licht rücken, wenn man, um Schütz dem mit seinen Kunstidealen unbekannten Publicum der Gegenwart verständlich zu machen, eine Begleitung zu den Werken herstellt.

Man kann das um so sicherer ausführen, als Schütz in drei verwandten Werken, in den längst bekannten „Sieben Worten" und der „Historia der fröhlichen und siegreichen Auferstehung unsers einigen Erlösers und Seligmachers Jesu Christi", sowie in der jüngst aufgefundenen „Historia der fröhlichen Geburt" eine Instrumentalbegleitung gegeben hat. Das Fehlen der Begleitung in den Passionen hat seinen Grund zunächst, wie mir scheinen will, in einem kirchlichen Gebrauch jener Tage, der für uns keine Bedeutung mehr hat, nicht in der Eigenart der Schütz'schen Musik. Übrigens hat man des Meisters eigenes Urteil für sich, wenn man bei Herstellung einer Begleitung nicht allzu ängstlich verfährt. Schütz bemerkt in seiner Vorrede zur „Historia der Auferstehung": „Es ist aber der Organist zu erinnern, daß solange der falso bordon in einen Thon weret, er auf der Orgel mit der Hand immer zierliche und appropierte Lauffe oder passagie darunter mache, welche diesem Werk die rechte Art geben, sonst erreichen sie ihren gebührlichen Affect nicht." — Auf diesen gebürlichen Affect zu verzichten, haben wir keinen Grund. Doch ist darauf zu halten, daß diese Begleitung der Eigenart von Schütz angepaßt sei. Das gilt aber vor allem in der Beziehung, daß sie sich in den Tonarten hält, in denen die einzelnen Passionen geschrieben sind.

Das Instrument, dessen Verwendung zur Begleitung am nächsten liegt, ist selbstverständlich die Orgel, wenngleich Schützens ebengenannte Vorrede die Berücksichtigung auch anderer Instrumente nahe legt. Aber gerade die Orgel besitzt Eigenschaften, welche der Eigentümlichkeit der Schütz'schen Musik hindernd in den Weg treten können. Es darf nie vergessen werden, daß die Orgel hier nur zum Dienst für

Vocalmusik verwendet wird und zwar nicht jener altkirchlichen Vocalmusik, welche die leidenschaftslose Ruhe der kirchlichen Empfindungsweise wiederspiegelt, sondern derjenigen, deren leidenschaftliche Bewegung den Sologesang und die Instrumentalmusik nach sich zog. Während bei Bach die Vocalmusik aus der Orgelmusik hervorgewachsen ist und demgemäß den Charakter derselben an sich trägt: eine gewisse Stabilität, bei aller Lebhaftigkeit der Bewegung doch eine gewisse unpersönliche Objectivität, die zu scharfen dramatischen Accenten und stets wechselnder Tonstärke zu steigern eine Stillosigkeit wäre — so muß bei Schütz die Orgel, wenn sie gebraucht wird, sich in einer die Grenzen ihrer Eigenart nahezu überschreitenden Mannigfaltigkeit an den die feinsten Nüancierungen fordernden Charakter der Schütz'schen Vocalmusik anschließen. Andernfalls wird durch die Begleitung mehr verdorben als gewonnen. Ich habe Gelegenheit gehabt, auf diesen Punkt bei einer ganzen Reihe von Aufführungen der Matthäus- und Johannes-Passion besonders zu achten. Wechselt man nicht auf das sorgfältigste mit den Registern und Manualen, so macht die Aufführung einen im hohen Grade peinigenden Eindruck: die Lebendigkeit der Declamation ringt unaufhörlich mit dem zähen, unlebendigen Klange der Orgel, und so entsteht ein Contrast, dessen lähmender Gewalt schließlich auch ein guter Sänger erliegt, dem auf jeden Fall das dramatische Leben der Schütz'schen Werke zum Opfer fällt. Nicht so groß wie bei den Solostücken ist die Gefahr bei den Chören, aber doch immer beachtenswert genug. Denn selbst wenn man so milde Register zieht, daß der Vocalklang nirgends verdeckt wird, so lähmt doch der stets gleiche Hintergrund die Schärfe des declamatorischen Ausdruckes. Man betrachte z. B. den Schlußchor aus der Matthäus-Passion und man wird sich sagen, daß derselbe eine ausgesucht mannigfaltige und fein nüancierte Begleitung fordert. Riedel umgeht diese Schwierigkeit dadurch, daß er die Chöre ohne Begleitung singen läßt, wie auch das Duett der falschen Zeugen aus Matthäus. Einen genügenden, in der Sache liegenden Grund für diese Maßregel kann ich nicht erkennen; im Gegenteil, der einheitliche Eindruck des Werkes wird dadurch gestört. Auf neueren, praktisch eingerichteten und leicht ansprechenden Orgelwerken wird man die notwendige Feinheit der Begleitung ermöglichen können. Ist ein solches nicht vorhanden, so wird man die Begleitung durch ein zur Orgel hinzuzunehmendes Streichquartett geschmeidiger machen müssen. Auch hierfür hat man in den genannten, den Passionen verwandten Werken Schützens ein Vorbild.

Aber noch einer anderen Ergänzung als der Instrumentalbegleitung ist hier zu gedenken, und zwar einer solchen, welche die Passionen zu Schützens Zeit zweifellos gefunden haben und welche von uns noch viel weniger zu entbehren ist als von Schützens Zeitgenossen, nämlich des Chorales. In den Manuscripten der Passionen findet sich freilich über eine derartige Ergänzung nicht das geringste bemerkt, aber nur weil sich das von selbst verstand. Hat Schütz in den Passionen keine Concertstücke geschaffen, sondern, wie schon der enge Anschluß an die Form der altkirchlichen Passion und der Unterschied von den obengenannten drei anderen für den Concertsaal bestimmten Werken zeigt, gottesdienstliche Musik, so ist es selbstverständlich, daß sich die Gemeinde an der Aufführung derselben wie bei anderen Gottesdiensten durch Choralgesang beteiligt hat. Man pflegte aber die Absingung der alten Passionen nicht blos durch Gemeindegesang einzuleiten und abzuschließen, sondern auch bei gewissen Abschnitten der evangelischen Erzählung zu unterbrechen. Es finden sich auch Nachrichten, denen zufolge während der Absingung der Passionen der Choralgesang zwischen Gemeinde und Chor abwechselte. Diese kirchliche Gewohnheit, aus der sich auch die Choralsätze der Bach'schen Passionen herleiten, wird bei Aufführung der Schütz'schen Passionen entschieden in Anwendung zu bringen sein; auf sie hat Schütz bei Aufführung seiner Werke gerechnet.

Am wirkungsvollsten wird selbstverständlich diese Ergänzung der Passionen sein, wo dieselben als gottesdienstliche Musik aufgeführt werden. Da wird die Gemeinde zu kräftiger Orgelbegleitung die betreffenden Lieder anstimmen und sich nur hier und da der Abwechselung halber vom Chore vertreten lassen. Wo man dagegen die Passionen als geistliche Concerte aufführt, werden die Choräle dem Chor allein zuzuweisen sein. Dieselben sind, um sie als Unterbrechungen der Handlung und als nicht eigentlich zu Schützens Werk gehörig zu kennzeichnen, a capella zu singen und selbstverständlich der Musik von Schütz entsprechend nicht in einem Bach'schen Satze, der überhaupt nicht a capella gesungen werden sollte, sondern in einem Satze aus der Periode der Vocalmusik, vielleicht nach einer Melodie oder Harmonie von Schütz selbst, wie sich solche in seinen Compositionen zu Dr. Becker's gereimten Psalmen finden.

Es wird aber nicht überflüssig sein, davor zu warnen, diese Choraleinlagen nicht nach Maßgabe der Bach'schen Passionen zu machen. Der undramatischen Auffassung der Passionsgeschichte durch Bach entspricht es, daß bei ihm mitten im Flusse der Handlung Choräle eintreten können, so z. B. in der Matthäus-Passion hinter dem Chore der Jünger „Herr bin ich's?" der Vers „Ich bin's, ich sollte büßen", desgleichen die Verse, welche die Gethsemane-Scene unterbrechen, hinter dem ersten Kreuzige-Chore „Wie wunderbarlich ist doch diese Strafe" u. a. Eine derartige Verwendung des Chorales bei Schütz würde dem von ihm beabsichtigten Eindrucke seiner Werke geradezu entgegenwirken. Außer zu Anfang und zu Schluß der Passionen dürfen nur an Ruhepunkten der Handlung Choräle einsetzen. So würde ich z. B. in der Matthäus-Passion an folgenden Stellen Choräle singen lassen: hinter der Scene in Bethanien, nach dem Abendmahle, nach der Gefangennehmung, nach der Gerichtsscene im Palaste des Hohenpriesters, nach Petri Verleugnung, nach des Judas Tod, nach der Verurteilung durch Pilatus, nach der Dornenkrönung, nach der Scene auf Golgatha, nach dem Begräbnis. Ich glaube sogar, daß es dem Geiste der Matthäus-Passion nicht entspricht, wenn unmittelbar nach dem Berichte von Jesu Tode ein Choralvers angestimmt wird. Die dramatische Situation würde dadurch unterbrochen werden. Dieselbe findet erst ihr Ende bei dem Chore: „Wahrlich, dieser ist Gottes Sohn gewesen", und erst hier wird die Gemeinde mit ihrem Gesange eintreten dürfen.

Einer Bearbeitung der Passionen nach den genannten Gesichtspunkten wird man schwerlich entraten können, wenn es zu einer Neubelebung dieser Werke kommen soll. Die meisten der von mir geltend gemachten Erfordernisse erfüllt eine Bearbeitung der Matthäus- und Johannes-Passion durch Arnold Mendelssohn in Cöln. Dieselbe ist bis jetzt leider Manuscript geblieben. Möchte dieselbe nach freundlicher Berücksichtigung dessen, was ich hier noch Abweichendes über das von dem Bearbeiter zu erstrebende Ziel bemerkt habe, endlich durch den Druck weiteren Kreisen zugänglich gemacht werden!

Für den Fall möchte ich aber nicht unterlassen, eine Bemerkung fallen zu lassen über den Ort, der sich für die Aufführung dieser Werke eignet. Dieselben passen bei ihrer großen Schlichtheit in Verwendung der musikalischen Mittel durchaus nicht in unsere modernen

Concertsäle. Es ist ja allerdings richtig, daß diese Werke, auf den in ihnen waltenden Geist angesehen, viel mehr aus der Kirche hinausweisen als die Bach'schen Passionen, deren Aufführung in Concertsälen ganz allgemeine Sitte geworden ist. Letzteres kann nun aber nur als ein die Wirkung der Bach'schen Kunst schädigender Übelstand angesehen werden, auf dessen wenigstens teilweise Beseitigung hinzuarbeiten ist. Andererseits sind diese Werke musikalisch so reich und selbständig, daß man von ihnen mit Recht gesagt hat, sie seien über den Rahmen des Gottesdienstes hinausgewachsen. Letzteres gilt nun von Schütz gar nicht und zwar aus zwei Gründen, die die Aufführung seiner Passionen durchaus in die Kirche verweisen. Erstens hat er sich, wie schon verschiedentlich betont ist, was die Wahl der Kunstmittel betrifft, eng an den altkirchlichen Gebrauch angeschlossen, der selbstverständlich seine volle Wirkung nur im Cultus selbst ausüben kann. Zweitens aber fordert die Eigenart dieser Werke, in denen ganz offenbar ein Zug über das Oratorium hinaus zum Musikdrama hin vorhanden ist, einen Ort der Aufführung und eine Art derselben, wodurch der Mangel einer scenischen Darstellung etwas wenigstens ergänzt wird. Dafür ist aber sicher in Kirche und Gottesdienst am besten Rat zu schaffen, sofern schon der Ort mit den Empfindungen, die er erweckt, den Christen in jene ernsten Situationen hineinversetzt, und sofern das Kirchenlied lebhafter noch zu jenen Handlungen hinzwingt, die man gleichsam mit Augen sehen soll. Diese wichtigen Mittel, die scenische Darstellung zu ergänzen, vermißt man bei einer Concertaufführung, und deshalb kann es nicht fehlen, daß die Hörer bei einer solchen viel weniger prädisponiert sind, die Schütz'sche Kunst auf sich wirken zu lassen.

Bach's Meisterwerke werden immer nur an größeren Orten, die über einen bedeutenden Chor und dem entsprechendes Orchester zu verfügen haben, zur Aufführung kommen können. Ganz anders bei Schütz: eine gute Orgel, ein nicht zu großer Chor, einige verständige Solosänger sind die gewiß nicht unerschwinglichen Vorbedingungen für die Aufführung seiner Passionen. Darf man, abgesehen von der siegreichen Macht der Schütz'schen Kunst, nicht auch an diesen Umstand die Hoffnung knüpfen, daß seine unsterblichen Werke bald, besonders auf dem Boden der evangelischen Kirche, zur Popularität kommen werden? Es geht ja unverkennbar durch unsere Tage auf dem Gebiete der Kirche ein starker Zug nach neuer und reicherer Ausübung der Musik. Sollen die erweckten Kräfte nicht anders verwendet werden als für sogenannte liturgische Gottesdienste, die doch vielfach einen überaus dilettantenhaften Zug an sich tragen, ja, oft nur einer kleinen religiösen Empfindelei zum Organe dienen? Und sollen daneben jene Meisterwerke eines unserer größten Musiker, die auf den empfänglichen Hörer eine den Geist wie das Gemüt bildende Wirkung ausüben müssen, unbenutzt liegen bleiben? Es wäre das für uns eine Schmach!

So appelliere ich denn zum Schluß nicht blos an die Musiker von Fach und an die Concertgesellschaften, sondern vor allem an die kirchlichen Behörden, die Kirchenchöre, die Seminarien; sie haben es zum großen Teile in der Hand, ob das Schütz-Jubiläum eine Auferstehung des großen, unsterblichen Meisters für unser Geschlecht bedeuten soll oder nicht. Sie mögen aber bedenken, daß das Auferstehen eines solchen Geistes für Kirche und Religion von größerem Segen ist, als die Bemühungen, in denen sich vielfach die kirchlichen Kreise unserer Zeit verzehren, und die unser Geschlecht oft genug hinweglocken von dem Jungbrunnen, aus dem die ermattende Seele immer aufs neue Kraft schöpft zum Aufschwung in das Reich des Schönen und Guten.